시사한국어

今 知りたい、
韓国を読む

朴大王

朝日出版社

머리말

본 교재는 중급 이상의 한국어 학습자를 대상으로 한 읽기 교재입니다. 최근 한국의 사회, 문화, 경제, 교육, 스포츠 등에서 화제가 된 내용을 15과로 구성하였습니다. 신문이나 잡지와 같은 어려운 문장이 아니라 중급 레벨의 학습자가 이해할 수 있도록 알기 쉬운 문장으로 표현하였습니다.

저자가 근무하고 있는 대학에는 1학년 대상의 한국어 수업 외에도 2학년 이상의 학생들이 언어와 문화 (한국어), 비지니스 한국어, 시사 한국어, 상급 한국어 과목 등을 많이 수강하고 있습니다. 중급 이상의 학습자를 위한 읽기 교재가 별로 없어서 고민하던 끝에 이와 같은 교재를 만들게 되었습니다. 회화 능력을 키우고 싶은 학습자는 본문 전체를 통째로 암기해 보는 것도 학습에 도움이 되리라 봅니다. 아무쪼록 여러분의 한국어 학습에 도움이 될 수 있기를 기대합니다.

(1) 각과의 처음에는 본문을 이해하기 쉽도록 관련 사진과 함께 한국에 유학을 다녀온 일본인 학생의 시각에서 궁금한 점을 제시하였다.
(2) 본문은 중급 레벨의 어휘와 문법을 중심으로 쉬운 문체를 사용하였다. 상급에 해당하는 어려운 단어 및 어구에 관해서는 각주를 달았다.
(3) 연습 문제는 발음, 한자, 문법, 내용 이해를 묻는 다양한 문제를 배치하였다.
(4) 단어장은 1-5과, 6-10과, 11-15과의 단어를 5과씩 묶어 정리하였다.
(5) 음성은 언제 어디서나 듣기 쉽게 스트리밍 재생 방식으로 수록하였다.

끝으로 이 교재가 나오기까지 정성을 다해 도움을 주신 아사히출판사의 야마다 씨, 고다카 씨, 후쿠오카대학의 마쯔자키 마히루 교수님, 히로시마슈도대학의 이찬임 선생님, 그리고 사진을 제공해 주신 분들께도 깊이 감사 드립니다.

2020년 1월

박대왕

まえがき

　本教材は、中級以上の韓国語学習者を対象にした読み物教材です。最近の韓国の社会、文化、経済、教育、スポーツなどをテーマに、15課で構成されています。新聞や雑誌のような難しい文章ではなく、中級レベルの学習者が理解できるよう、理解しやすい文章になっております。

　著者が勤務している大学では、1学年対象の韓国語授業以外でも、2学年以上の学生が言語と文化（韓国語）、ビジネス韓国語、時事韓国語、上級韓国語科目などを多く受講しています。中級以上の学習者のための読み物教材があまりなかったため、このような教材をつくることとなりました。会話能力を鍛えたい学習者は、本文全文を暗記してみるのも学習の助けになると思います。ぜひとも皆様の韓国語学習の助けになりますことを期待しています。

(1)　各課の冒頭に、本文の理解がしやすいよう関連写真と共に、韓国留学をしてきた日本人学生の視点で気になる点を提示している。

(2)　本文は中級レベルの語彙と文法を中心に、平易な文章にした。上級に該当する難しい単語や語句に関しては脚注をつけている。

(3)　練習問題は、発音、漢字、文法、内容理解まで含めた多様な問題を用意している。

(4)　単語帳は1-5課、6-10課、11-15課の単語を5課ごとにまとめて整理している。

(5)　音声はいつでもどこでも聞きやすいストリーミング再生の方式で収録している。

　最後に、この教材の出版に向けて心を尽くしてくださった朝日出版社の山田さん、小髙さん、福岡大学の松﨑真日先生、広島修道大学の李賛任先生、そして写真を提供くださった方々にも深く感謝申し上げます。

2020年1月

朴大王

目　次

───── 音声サイトURL ─────

http://text.asahipress.com/free/korean/
imakan2020/index.html

表紙デザイン：申智英

コーヒー共和国

　最近日本は、コンビニでおいしいコーヒーが注文できるようになり、最近ではフラペチーノなどを売るコンビニもあります。すっかりコンビニがカフェのようになり、街中では、コーヒー片手に歩く人も見かけますね。

　このコーヒー片手に歩くという光景は、今でこそ日本でも当たり前の光景ですが、私が韓国で生活していた2年前頃は、コーヒーを持っていそいそと大学や会社に向かう韓国の方を見ては、日本では見られない光景だなあと思っていました。すれ違う人すれ違う人、片手にスマートフォン、片手にコーヒーという装いでしたので、少し不思議でした。

　大学内に数軒のカフェがあるのはもちろん、街にはなぜかカフェが隣り合わせにあることも。Wi-Fiや空調が整っている韓国のカフェはとっても快適です。韓国人にとってカフェは生活の一部のようです。

1

커피 공화국

한국은 유럽, 미국, 일본에 이어 [1] 세계 6위의 커피 소비 국가입니다. 2018년 기준 20세 이상 인구의 국내 연간 1인당 커피 소비량은 약 353잔으로 이는 세계 인구 연간 1인당 소비량 132잔의 약 3배에 달하는 수준입니다. 어디를 가도 보이는 커피 전문점은 2018년에 8만 158개이고 2019년에는 10만 개로 늘어날 전망입니다. 주요 커피 프랜차이즈 매장 수만 보아도 2018년 기준으로 이디야커피가 2,142개, 투썸플레이스 887개, 요거프레소 755개, 엔젤리너스 647개, 빽다방 539개로 국내 커피 시장은 크게 확대되었습니다.

여기에 글로벌 커피 브랜드 스타벅스의 성장과 최근에 등장한 '커피 업계의 애플' 이라 불리는 미국 블루보틀 (Blue Bottle) 의 한국 진출로 국내 커피 시장의 경쟁은 더욱 격화될 것으로 보입니다. 스타벅스의 2018년 매출은 약 1.5조원으로 국내 브랜드 2위에서 6위까지의 매출을 모두 합해도 스타벅스 한 곳에 못 미친다고 합니다. 국내 브랜드들은 가맹점 수 증가에 따라 [2] 평균 매출액이 하락하는 등 수익성이 떨어지는 반면에 [3] 글로벌 브

語 句

1)　- 에 이어　～に次いで
2)　- 에 따라　～によって
3)　- 는 반면에　～する反面

랜드는 국내 시장에서 직영점 중심의 성장 전략을 펴면서 매출액을 늘려 국내 커피 브랜드와 차이를 보이고 있습니다.

특히 최근에는 소비자들의 다양한 니즈에 맞춰 스페셜티 중심의 고급 커피 시장이 확대되고 있습니다. 이를 반영하듯 차별화된 제품과 서비스를 제공하는 회사도 늘고 있습니다. 스타벅스는 특별히 스페셜티 커피를 제공하는 고급 매장을 국내에 50개나 개설하였는데 [4] 이는 인구 1,000만 명당 9.8개로 주요국 중 가장 많은 수준이라고 합니다. 실제로 프리미엄 커피와 일반 커피 가격은 최대 약 27배 이상이나 [5] 차이가 난다고 합니다.

한편 요즘에는 집에서 커피를 즐기는 사람들도 늘어나서 '홈카페(Home Cafe)'에 대한 [6] 관심도 높아지고 있습니다. 얼마 전까지만 해도 집에서 마시는 커피로는 간편하게 마실 수 있는 스틱류의 [7] 인스턴트 커피가 일반적이었습니다. 하지만 홈카페의 인기와 함께 분쇄기 [8], 에스프레소 머신, 로스터기 [9] 등 커피 머신 관련 제품들의 매출도 증가하고 있습니다. 소비자의 입장에서 보면 가격이 싸고 쉽게 마실 수 있는 편의점 커피에서 스페셜한 커피를 마시고 싶을 때는 프리미엄 커피 전문점까지 폭넓게 선택할 수 있어서 좋은 것 같습니다.

語句

4) - 하였는데　～したのだが	7) 스틱류　スティック類
5) 이나　～も、～ぐらい	8) 분쇄기　粉砕機
6) - 에 대한　～に対する	9) 로스터기　焙煎機、ロースター

1 本文の「국내」と同じく**鼻音化**するものはどれか、下の①～④のうちから 一つ選びましょう。

① 편리   ② 십만   ③ 축하   ④ 직장

2 本文の「3 배에 <u>달하는</u> 수준」の下線部の意味と最も似ているものはどれ か、下の①～④のうちから一つ選びましょう。

① 이르는   ② 증가하는   ③ 채우는   ④ 달성하는

3 本文の「모두 <u>합해도</u> 스타벅스」の「<u>합해도</u>」のように、次の下線部の単 語を直してみましょう。

① 아침에 <u>깨우다</u> 안 일어나요 . [   ]
② 비는 <u>오다</u> 바람은 안 불어요 . [   ]
③ 아무리 <u>찾다</u> 없어요 . [   ]
④ 계속 <u>묻다</u> 대답을 안 해요 . [   ]

4 本文の内容と一致している場合は○を、一致していない場合は×を [ ] 内に記入しましょう。

① 한국은 세계 6 위의 커피 소비국인데 앞으로도 소비는 더 늘 전망이다 .[   ]
② 스타벅스의 매출액은 국내 브랜드와 블루보틀을 포함한 것보다 많다 .[   ]
③ 스페셜티 커피의 인기를 바탕으로 고급 커피 전문점도 늘고 있다 .[   ]
④ 사람들은 인스턴트 커피보다 편의점 커피나 고급 커피를 더 좋아한다 .[   ]

BTS効果とK-POP留学

写真：Shutterstock.com

　チーズタッカルビやチーズハットグのお店、韓国化粧品のお店、日本で増えてきましたよね。また街を歩いていると、韓国風メイク、ファッションに身を包んだ方々も少なくありません。最近では動画配信サービスで見られる韓国ドラマにハマる方もいるようです。

　それは韓国現地でも同じでした。私の通っていた韓国の大学には、アジアをはじめヨーロッパからなど、世界各国の留学生がいました。メイクやファッションは韓国の方のよう。K-POPアイドルの情報も漏らさずキャッチしているので、韓国の芸能事情のことを教えてくれていました。

　韓国の音楽や文化は世界へどんどん広がっているようです。これからのK-POPも要必見ですね。

BTS 효과와 K팝 유학

　　일본에서는 요즘 '3차한류 붐' 이라는 표현을 종종 접할 수가 있습니다 . 2002년도에 한국에서 방송된 KBS 드라마 '겨울연가' 가 2004년 일본에서 '겨울소나타' 로 방송되어 폭발적인 인기를 얻으면서 [1] 한류 열풍을 불러 일으켰습니다 . 이와 같이 겨울소나타의 붐으로 시작된 1차 한류 , 그 후 소녀시대 , 카라 , 동방신기 등 K팝 붐이 중심인 2차 한류 , 그리고 2015년경부터 시작된 새로운 한류 붐을 3차 한류라고 말합니다 . 현재 방탄소년단 (BTS), 엑소 , 트와이스 , 블랙핑크 , 아이즈원 등 수많은 아이돌 그룹이 전 세계에서 활동하고 있습니다 . 3차 한류 붐의 경우는 젊은 여성을 중심으로 패션 , 화장품 , 카페와 같은 일상 생활과 깊은 관련을 맺으며 [2] 전개된다는 특징이 있습니다 . 또한 치즈닭갈비 , 핫도그 , 팥빙수와 같은 먹거리도 [3] 인기를 끌면서 지금까지와는 다른 한류의 모습을 보이고 있습니다 .

　　특히 K팝을 대표하는 월드 스타 BTS 는 한류 붐을 더욱 강화했다고 해도 과언이 아닐 것입니다 . BTS 의 인기는 엄청난 경제적 효과를 나타내고 있어 현대경제연구원의 [4] 보고에 의하면 [5] BTS 의 연평균 매출액은 4조 1,400억원

▶ 語 句 ◀

1)	- 으면서 ～ながら、～とともに	4)　현대경제연구원　現代経済研究院
2)	- 으며 ～ながら、～であって	5)　- 에 의하면 ～よると
3)	먹거리 食べ物	

이고 영업 이익은 1조 4,200억원에 달한다고 합니다. 한 해 1,600억원의 매출을 올리는 한국의 중소기업 평균 매출액과 비교해 보면 BTS의 효과는 중소기업의 26배에 달하는 셈입니다 [6]. 앞으로 10년간 지금과 같은 인기를 유지한다면 총 매출액은 41조 8,600억원에 이를 것으로 예상됩니다.

전 세계에서 인기를 얻고 있는 K팝의 열기로 BTS와 같은 슈퍼스타를 꿈꾸며 한국에 가는 외국인도 많이 있습니다. 아이돌 선발 프로그램에서 [7] 10명을 모집하는데 50여개국으로부터 [8] 3,000명이 지원했다고 합니다. 일본, 태국과 같은 아시아 국가뿐만 아니라 [9] 스웨덴, 폴란드, 이집트, 러시아 등 지구 반대편에서도 K팝 유학을 갔다고 합니다. 실제로 아이돌로서 데뷔하기 위해서는 [10] 오디션을 통과해야 하고 통과한 후에도 하루 8시간 이상 노래와 춤을 배워야 합니다. 여기에 외국인들은 한국어 교육까지 받아야 하는 어려움이 있습니다. 데뷔를 준비하는 아이돌 팀은 연간 300개가 넘는다고 하는데 물론 모든 팀이 다 데뷔할 수 있는 것도 아닙니다. 무대에서는 멋있고 화려하게 보이는 K팝 스타들이지만 보이지 않는 곳에서 이처럼 피땀어린 [11] 노력이 있기에 가능한 것입니다. 이러한 노력들이 있었기에 한국 문화가 세계적으로 널리 알려지게 된 것이 아닐까 합니다.

語句

6) -는 셈이다　〜のわけだ
7) 프로그램　プログラム、番組
8) 여개　余り、残り
9) 뿐만 아니라　のみならず
10) -기 위해서　〜するために
11) 피땀어리다　血と汗がにじむ

1 本文の「관련」と同じく流音化するものはどれか、下の①～④のうちから一つ選びましょう。

① 설날 　　② 전혀 　　③ 잘못 　　④ 안방

2 本文の「인기는 엄청난 경제적」の下線部の意味と最も似ているものはどれか、下の①～④のうちから一つ選びましょう。

① 지나친 　　② 심한 　　③ 굉장한 　　④ 터무니없는

3 本文の「춤을 배워야 합니다」の「배워야 합니다」のように、次の下線部の単語を直してみましょう。

① 한 시까지는 회사에 가다 . [　　　　　　]
② 내일은 일찍 일어나다 . [　　　　　　]
③ 자기가 한 말에 책임지다 . [　　　　　]
④ 건강을 위해 담배를 끊다 . [　　　　　]

4 本文の内容と一致している場合は○を、一致していない場合は×を [　] 内に記入しましょう。

① 겨울소나타로 시작된 한류 붐은 아이돌 그룹 중심의 인기가 특징이다 . [　]
② 최근에는 젊은 사람들을 중심으로 한국 음식에 관한 관심이 높아졌다 . [　]
③ 방탄소년단의 경제적 효과는 일반적인 중소기업보다 훨씬 크다 . [　]
④ 한류 스타가 되기 위해 한국으로 가는 외국인들은 한국어를 잘한다 . [　]

　筆者が高校に通っていた頃でしょうか。日本では「カンナムスタイル」という歌が流行り、文化祭の催しで踊ったりもしていました。それもあってか、「カンナム」というと何となくお金持ちのイメージがあります。

　また日本のドラマとは違って韓国ドラマでは、「財閥の御曹司」「大企業の娘」といったお金持ちが度々登場しているような気がします。執事のいる大きいピカピカの家に、キラキラ輝く高級ブランドのアクセサリーや洋服。しかもインテリアやファッションもとっても綺麗なんです。さすがにドラマに出てくるような高級ブランドには手は届かないけれど、私はたまにドラマのファッションを参考にしたりもします。

　韓国ドラマがお好きな方は、ぜひそういった楽しみ方もしてみてはいかがでしょうか。

여러분 부자되세요 !

최근의 뉴스 제목을 보면 '부자가 되기 위한 [1] 방법', '부자가 되려면 [2] 어떻게 해야 하나 ?', '부잣집에서 태어나야 부자가 된다', '빈익빈 [3] 부익부 [4]', '옆집 사는 100억원 부자를 보고 시기심이 생길 때 [5]' 등 부자와 관련된 뉴스가 하루에도 수없이 많이 나오고 있습니다 . 부자 관련 뉴스뿐만 아니라 일상 생활에서도 "부자되세요" 라는 말을 자주 주고받습니다 . 이 말이 일상 생활 속에서 자연스럽게 쓰이게 된 것은 한 광고의 영향이 컸습니다 .

2002년 새해 첫날에 나온 신용카드 [6] 회사의 광고가 사람들의 큰 관심을 끌었습니다 . 이 광고에서는 젊은 여배우가 눈밭을 뛰어다니면서 천진난만한 [7] 얼굴로 "여러분 부자되세요 !" 라고 한마디 한마디 또박또박 말을 합니다 . 이 모습은 당시 IMF 를 [8] 겪어 오면서 지쳐 있던 사람들의 마음에 위안과 희망을 주는 메시지로 다가왔을 것입니다 . 그 해에는 새해 인사로 '새해 복 많이 받으세요 [9]' 보다도 '부자되세요' 란 말이 더 많이 쓰였다고 합니다 . 이 말은 그 이후 지금까지도 TV 프로그램 사회자의 인사말로 종종 쓰이고 있습니다 .

語 句

1)	-기 위한 ～ための	6)	신용카드 クレジットカード
2)	-려면 ～しようとすれば、～するには	7)	천진난만 天真爛漫
3)	빈익빈 [貧益貧] 貧しい者がますます貧しくなること	8)	IMF 国際通貨基金、IMF通貨危機
4)	부익부 [富益富] 富めばますます富むこと	9)	새해 복 많이 받으세요 あけましておめでとうございます
5)	-ㄹ 때 ～するとき、する場合		

10

이와 같이 새해 인사로도 쓰일 만큼 부자가 되기를 바라는 사람은 많이 있지만 현실 사회에서 실제로 부자가 되기란 쉬운 일이 아닙니다. 2019년 광주과학기술원의 [10] 조사에 의하면 대학생이 뽑은 성공 요인으로 가장 중요한 것은 '부모의 재력'과 '인맥'인 것으로 나타났습니다. 이는 중국, 일본, 미국 대학생들이 '재능'이나 '노력'이라고 답한 것과는 대조적입니다. 그리고 부자가 되려면 일단 부잣집에서 태어나는 것이 중요하다고 답한 사람도 80%를 넘었다고 합니다. 이것은 한국 사회에서 부모의 사회·경제적 지위가 개인의 사회·경제적 지위를 결정한다고 생각하는 젊은 사람이 많다는 것을 의미합니다. 이런 생각은 요즘 한국 사회에서 자주 사용되는 '수저론 [11]'과도 깊은 관계가 있다고 할 수 있습니다. 수저론은 집안 형편이나 부유한 정도를 수저의 재질에 비유하여 금수저, 은수저, 동수저, 흙수저로 [12] 등급을 매기는 것을 말합니다. 예를 들어 '금수저 물고 태어난 사람'과 같은 표현이 자주 쓰입니다.

부자나 수저론이 일상적으로 거론된다는 것은 그만큼 빈부 격차가 심하기 때문이 아닐까 싶습니다. 이러한 격차를 줄이고 젊은 사람들이 밝은 미래를 향해 꿈을 가질 수 있도록 모두가 노력해 나가야 할 것 같습니다.

語 句

10) 광주과학기술원　光州科学技術院　　12) 흙수저　土のスプーン、最も低い階級
11) 수저론　スプーン階級論 (親の地位・経済力によるランク付け)

練習問題

1 本文の「첫날」と同じく鼻音化するものはどれか、下の①～④のうちから一つ選びましょう。

① 햇빛   ② 횟수   ③ 첫사랑   ④ 뒷문

2 本文の「한마디 또박또박 말을」の下線部の意味と最も似ているものはどれか、下の①～④のうちから一つ選びましょう。

① 깔끔히   ② 꼼꼼히   ③ 정확히   ④ 얌전히

3 本文の「부자가 되려면 일단」の「되려면」のように、次の下線部の単語を直してみましょう。

① 화장품을 사다 1 층으로 가세요 . [   ]
② 공원을 다 돌다 2 시간쯤 걸릴 거예요 . [   ]
③ 노래를 듣다 어떻게 해야 돼요 ? [   ]
④ 물이 끓다 좀 기다려야 해요 . [   ]

4 本文の内容と一致している場合は○を、一致していない場合は×を [ ] 内に記入しましょう。

① 부자에 관한 기사가 많이 나오는 이유는 자극적이기 때문이다 . [   ]
② "부자되세요" 라는 화장품 광고의 히트로 인사말이 유행했다 . [   ]
③ 한국의 대학생들은 재능보다 부모의 재력을 성공 요인으로 본다 . [   ]
④ 수저론이 자주 언급되는 것은 식사할 때 숟가락을 쓰기 때문이다 . [   ]

地下鉄2号線、大活躍？

　朝の通勤通学ラッシュや夜の帰宅ラッシュはどの国でも地獄のようなのでしょうか。私は毎日電車に乗りますが、乗る前は一度深呼吸して決意を固めて乗り込みます。時には片足が浮いてしまうことも。

　韓国にいたころはバスをよく使っていましたが、状況は日本と同じ。運転手さんが「次のバスに乗ってください」と言ってもどんどん人が乗り込んできます。人波に押されてカードをタッチできなかったこともよくありました。降りたい駅で降りられないこともたまにあったのですが、少しずつ韓国生活に慣れて私が学んだことは、「降りたいときは大きな声で"저 내릴게요!"と叫ぶ」ということです。恥ずかしさを捨てて、ぜひ皆さんもお試しください。

지하철 2호선 대활약 ?

　서울 지하철은 1974년 8월 15일 광복절을 ¹⁾ 기해 ²⁾ 서울역에서 청량리역까지 지하철 1호선이 개통되면서 ³⁾ 시작되었습니다 . 그 후 두 번째로 1984년에 서울을 순환하는 지하철 2호선 48.8km 가 개통되었고 2호선의 색깔은 초록색입니다 . 서울과 수도권에는 ⁴⁾ 2019년 9월 현재 23개의 노선이 운행되고 있으며 2호선에서 다른 13개 노선으로 갈아탈 수 있습니다 . 2호선은 전국에서 가장 많은 하루 평균 244만명이 이용하고 있습니다 .

　서울 지하철을 운영하는 서울메트로에 ⁵⁾ 의하면 이용객이 많은 지하철역은 강남역 , 잠실역 , 홍대입구역 , 신림역 , 구로디지털단지역으로 1위부터 5위까지 2호선 역이었다고 합니다 . 같은 2호선 역인 삼성역 , 신도림역 , 서울대입구역도 10위 안에 들어 있습니다 . 그런데 이용객이 제일 적은역 또한 2호선의 신답역과 도림천역이었습니다 . 하지만 가장 복잡한 '지옥철 ⁶⁾ 은 의외로 여의도→당산 , 신논현→고속터미널 , 당산→여의도 구간으로 전부 9호선 구간인 것으로 밝혀졌습니다 . 이것은 9호선이 주로 6차량

語 句

1)　광복절　光復節 (日本統治からの解放を祝う祝日)
2)　- 을 기해　～を期して
3)　개통　開通
4)　수도권　首都圏

5)　서울메트로　ソウルメトロ (ソウル交通公社)
6)　지옥철　地獄鉄
7)　차량　車両

의 [7] 짧은 차량으로 운행하고 있기 때문입니다 .

2호선은 서울대를 비롯하여 많은 대학을 통과하고 있고 떡볶이로 유명한 신당역이나 순대로 [8] 유명한 신림역 , 학생들이 많이 모이는 이대 , 신촌 , 홍대입구를 통과하고 있어 젊은 사람들의 이용자가 많은 것도 특징입니다 .

2018년도 지하철 이용 기록을 분석한 결과에 따르면 [9] 2호선 시청역과 같은 도심권 지하철역을 이용하는 직장인의 77.1% 는 오전 9시 이전에 출근했다고 합니다 . 반면에 저녁 7 시 이전에 퇴근한 비율은 약 63% 로 10년 전에 비해 6.6포인트 높아졌다고 합니다 . 도심에는 대기업 본사와 공공 기관이 몰려 있어 주 52시간 근무제와 같은 근로 시간 감축 [10] 영향이 나타났기 때문이라고 [11] 합니다 . 서울 최대 오피스 상업 지역인 2호선 강남역 , 역삼역 등은 오전 9 시 이후 출근자 비중이 34.7% 로 10년 전보다 5.8포인트나 높아졌습니다 . 전문가에 의하면 기업별로 업무 특성에 따라 다양한 근로 시간 운영 제도를 도입하는 등 정시 퇴근 , 워라밸 (work and life balance, 일과 삶의 균형 [12]) 을 중시한 결과로 분석된다고 합니다 . 서울 직장인은 2018년에 출근과 퇴근에 하루 평균 1시간 8분 , 편도 33.9분을 사용한 것으로 나타났습니다 .

語 句

8) 순대   スンデ (腸詰め)
9) - 에 따르면 ～によると
10) 감축   減縮
11) - 았기 때문 ～したため
12) 균형   均衡

練習問題

1 本文の「입구」と同じく濃音化するものはどれか、下の①〜④のうちから一つ選びましょう。

① 입학　　　② 업무　　　③ 십육　　　④ 접시

2 本文の「공공 기관이 몰려 있어」の下線部の意味と最も似ているものはどれか、下の①〜④のうちから一つ選びましょう。

① 나란히　　② 함께해　　③ 집중해　　④ 밀려

3 本文の「포인트나 높아졌습니다」の「높아졌습니다」のように、次の下線部の単語を直してみましょう。

① 갑자기 날씨가 춥다. [　　　　　]
② 요즘 정치에 관심이 많다. [　　　　　]
③ 말 실수 때문에 일이 크다. [　　　　　]
④ 못 본 사이에 더 예쁘다. [　　　　　]

4 本文の内容と一致している場合は○を、一致していない場合は×を [　] 内に記入しましょう。

① 이용자가 많은 지하철역 10 위 안에 2호선 역이 8 개나 들어 있다. [　]
② 가장 붐빈다는 의미로 붙여진 지옥철도 2 호선이다. [　]
③ 도심에 근무하는 직장인들은 10 년 전보다 퇴근 시간이 빨라졌다. [　]
④ 서울의 직장인은 하루에 한 시간 이상 출퇴근 시간으로 소비한다. [　]

시부노가 웃었다.

渋野が笑った。

写真：Shutterstock.com

　韓国には中学高校と部活動がない場合がほとんどで、高校生になると深夜まで塾で勉強漬けという話をよく聞きます。私の韓国の友人も、「日本みたいに部活動したかったなぁ」と話していました。中学も高校も放課後や休日を部活に費やしていた私としては、韓国の学生さんは大変だなぁと思ってしまいます。

　でも日本と韓国は、ゴルフ、サッカーなど両国でトップを争っている競技がありますよね。どうして勉強漬けで部活動がないのに、世界の舞台で戦えるような強い選手が出てくるのでしょうか？　もしかして韓国でオリンピックや世界大会に出るような選手は、普通の学校に通っていなかったのでしょうか？

시부노가 웃었다 .

1988년에 '한국여자프로골프협회 (KLPGA)[1]' 가 창립되면서 한국에서 여자 프로 골프 시대가 막을 열었습니다 . 같은 해에 일본에서 활약한 구옥희가 미국 '여자프로골프 (LPGA)' 투어에서 한국 선수로서 처음으로 우승하며 한국 골프를 세계에 알렸습니다 . 그 후에 역시 일본에서 활동한 고우순이 2년 연속 우승을 차지했습니다 . 그리고 1998년에는 한국 여자 골프의 전설로 불리는 박세리가 등장하면서 여자 골프의 전성기를 맞이하게 됩니다 . 박세리는 2016년에 은퇴할 때까지 메이저 대회 5승을 포함하여 LPGA 통산 25승을 기록하며 2007년 LPGA 투어 명예의 전당 회원이 되었습니다 . 박세리의 등장으로 일반인들의 골프에 대한 인식이 크게 바뀌며 관심도 높아졌습니다 . 특히 박세리의 US 여자 오픈에서의 물 속 맨발 투혼의 명장면은 많은 사람들 기억 속에 두고두고 남아 있을 것입니다 . 박세리의 뒤를 이어 박인비, 유소연, 전인지, 신지애 등이 우승을 하며 20년간 한국 선수의 메이저 대회 우승 점유율은 30%를 넘었습니다 . 이는 미국 선수들보다 높은 점유율이라고 합니다 .

語句

1) 한국여자프로골프협회 韓国女子プロゴルフ協会

이와 같은 한국 선수들의 활약에 대해 ²⁾ 미국의 제시카 코다 선수는 인터뷰에서 "현재 여자 골프는 한국 선수들이 지배하고 있으며 그들은 국가 대표 팀을 보유하고 있다" 고 말했습니다 . 국가 대표 팀에서 어린 선수들이 성장할 수 있도록 ³⁾ 지원해 주는 제도가 강한 한국 골프를 만들었다고 합니다 .

2019년 8월 초에 열린 올 시즌 미국 LPGA 투어 시즌 마지막 메이저 대회인 AIG 브리티시 여자 오픈에서 시부노 히나코 선수가 ⁴⁾ 일본 선수로는 1977년 LPGA 챔피언십 히구치 히사코 ⁵⁾ 선수 이후 42년만에 메이저 대회 우승을 차지했습니다 . 그녀는 시즌 내내 ⁶⁾ 늘 웃음 띤 ⁷⁾ 얼굴을 보여 '웃는 신데렐라' 라는 애칭까지 ⁸⁾ 얻게 되었습니다 . 올 시즌 3번째 메이저 우승에 도전하던 ⁹⁾ 고진영은 최선을 다했으나 ¹⁰⁾ 아쉽게도 3위로 대회를 마쳤습니다 . 하지만 올 시즌 메이저 2승을 올린 고진영은 1년에 다섯 차례 열리는 LPGA 투어 메이저 대회 성적을 합산해 가장 좋은 성적을 낸 선수에게 주는 안니카 메이저 어워드 수상이 확정되었습니다 .

앞으로도 우수하고 좋은 선수들이 많이 나와서 골프가 더욱 사랑 받는 스포츠가 되기를 ¹¹⁾ 기대해 봅니다 .

語句

2)	- 에 대해　～に対して	7)	웃음 띠다　笑みを浮かべる
3)	- 도록　～するように、～できるように	8)	애칭　愛称
4)	시부노 히나코　渋野日向子	9)	- 던　～していた～
5)	히구치 히사코　樋口久子	10)	- 으나　～するが、～だが
6)	내내　終始、ずっと	11)	- 기를　～することを、～であること

練習問題

1 本文の「特히」と同じく激音化するものはどれか、下の①～④のうちから一つ選びましょう。

① 있다　　　② 막다　　　③ 좋다　　　④ 입다

2 本文の「기억 속에 <u>두고두고</u> 남아」の下線部の意味と最も似ているものはどれか、下の①～④のうちから一つ選びましょう。

① 너무너무　　② 오래오래　　③ 또박또박　　④ 따로따로

3 本文の「<u>우수하고</u> 좋은 선수들이」の「<u>우수하고</u>」のように、次の下線部の単語を直してみましょう。

① <u>싸다</u> 맛있는 식당이에요 . [　　　　　　]
② <u>조용하다</u> 깨끗한 집을 찾고 있어요 . [　　　　　　]
③ 키도 <u>크다</u> 잘생긴 사람이 좋아요 . [　　　　　　]
④ <u>착하다</u> 재미있는 친구예요 . [　　　　　]

4 本文の内容と一致している場合は〇を、一致していない場合は×を [　] 内に記入しましょう。

① 고우순이 여자 프로 골프 투어에서 한국 선수로 첫 우승을 차지했다 .[　]
② 박세리 선수의 활약으로 한국에서는 여자 프로 골프 붐이 일었다 .[　]
③ 제시카 코다는 미국 국가 대표 팀 선수이다 . [　]
④ 고진영 선수는 시부노 선수가 우승한 대회에서 아깝게도 3 위로 끝났다 .[　]

1 課

유럽 : ヨーロッパ	성장 : 成長	직영점 : 直営店	주요국 : 主要国
커피 : コーヒー	최근 : 最近	전략 : 戦略	가격 : 価格
기준 : 基準	진출 : 進出	차이 : 差異、差	즐기다 : 楽しむ
이상 : 以上	경쟁 : 競争	소비자 : 消費者	간편하게 : 手軽に、簡単に
소비량 : 消費量	격화 : 激化	고급 : 高級	일반적 : 一般的
달하다 : 達する	합하다 : 合わせる、一つになる	차별화 : 差別化	입장 : 入場
수준 : 水準	미치다 : 至る、達する	제품 : 製品	편의점 : コンビニ
전망 : 展望	가맹점 : 加盟店	제공 : 提供	전문점 : 専門店
매장 : 売り場	하락 : 下落	특별히 : 特別に	폭넓게 : 幅広く
확대 : 拡大	수익성 : 収益性	개설 : 開設	선택 : 選択

2 課

효과 : 効果	경우 : 場合	경제적 : 経済的	선발 : 選抜
유학 : 留学	화장품 : 化粧品	가치 : 価値	태국 : タイ
종종 : 時々、たまに	일상 : 日常	엄청나다 : とんでもない	국가 : 国家
접하다 : 接する	생활 : 生活	보고 : 報告	반대편 : 反対側
폭발적 : 爆発的	관련 : 関連	연평균 : 年平均	통과 : 通過
열풍 : 熱風	특징 : 特徴	매출액 : 売上高	교육 : 教育
경 : 頃	모습 : 姿、ようす	조 : 兆	물론 : もちろん
새롭다 : 新しい、初めてだ	대표 : 代表	중소기업 : 中小企業	무대 : 舞台
세계 : 世界	강화 : 強化	열기 : 熱気	멋있다 : 素敵だ、かっこいい
활동 : 活動	과언 : 過言	꿈꾸다 : 夢みる	노력 : 努力

3 課

부자 : お金持ち	한마디 : 一言	요인 : 要因	형편 : 状況、暮らし向き
시기심 : ねたみ嫌う心	또박또박 : はっきりと	부모 : 父母、親	부유 : 富裕
수없이 : 数えきれないほど	당시 : 当時	재력 : 財力	재질 : 材質
주고받다 : やりとりする	지치다 : 疲れる	인맥 : 人脈	수저 : さじ、スプーン

21

자연스럽게 : 自然に	위안 : 慰安	재능 : 才能	비유 : 比喩、たとえ
쓰이다 : 使われる	다가오다 : 近づく、近づいてくる	대조적 : 対照的	등급 : 等級
한 : ある、とある	사회자 : 司会者	일단 : いったん、ひとまず	매기다 : つける
광고 : 広告	인사말 : あいさつの言葉	지위 : 地位	물다 : くわえる
끌다 : 人目を引く、注目を集める	뽑다 : 選び抜く、選ぶ	의미 : 意味	격차 : 格差
여배우 : 女優	성공 : 成功	집안 : 家の中、家庭	줄이다 : 減らす

4 課

대활약 : 大活躍	구로디지털단지 : 九老デジタル団地	신촌 : 新村	근무제 : 勤務制
청량리 : 清凉里	삼성 : 三星	기록 : 記録	근로 : 勤労
순환 : 循環	신도림 : 新道林	분석 : 分析	영향 : 影響
노선 : 路線	신답 : 新踏	시청 : 市庁	상업 : 商業
운영 : 運営	도림천 : 道林川	도심권 : 都心圏	역삼 : 駅三
이용객 : 利用客	여의도 : 汝矣島	직장인 : 職場人、サラリーマン	비중 : 比重
강남 : 江南	당산 : 堂山	비율 : 比率	전문가 : 専門家
잠실 : 蚕室	신논현 : 新論峴	본사 : 本社	다양하다 : 多様だ
홍대입구 : 弘大入口	신당 : 新堂	공공 : 公共	도입 : 導入
신림 : 新林	이대 : 梨大	몰리다 : 集まる、集中する	편도 : 片道

5 課

창립 : 創立	포함하다 : 含む	지원 : 支援	얻다 : 得る
막 : 幕	명예 : 名誉	열리다 : 開かれる	도전하다 : 挑戦する
활약 : 活躍	전당 : 殿堂	올 : 今年	최선 : 最善
연속 : 連続	맨발 : 裸足	시즌 : シーズン	다하다 : 果たす、尽きる
차지하다 : 占める、占有する	투혼 : 闘魂	대회 : 大会	아쉽게도 : 惜しくも、残念ながら
전설 : 伝説	명장면 : 名場面	마지막 : 最後、終わり	마치다 : 終える、終わる
등장 : 登場	두고두고 : いつまでも、長らく	선수 : 選手	차례 : 順番
전성기 : 全盛期	점유율 : 占有率	이후 : 以後	합산 : 合算
맞이하다 : 迎える、迎え入れる	지배 : 支配	우승 : 優勝	수상 : 受賞
은퇴 : 引退	보유 : 保有	늘 : いつも、常に	확정 : 確定

小学生から化粧？

　韓国の化粧品は今は日本でも買うことができますが、それでも現地に行くたびにパックにリップと、ついついたくさん買って帰ってしまいます。

　私が韓国にいたころ住んでいた下宿には、他に10人ほどの韓国人が住んでいましたが、住み始めてすぐ驚く事がありました。共用で使う冷蔵庫があったのですが、開くとパックがぎっしり入っていたのです。食べ物や飲み物はほとんどありませんでした。日本でもパックをする方は多いと思いますが、その出来事は「さすが美容大国！」と思ったエピソードでした。

　韓国の方は、小さい頃から美容に敏感なのでしょうか？

초등학생부터 화장 ?

2000년대 초반부터 화장품은 비쌀수록 [1] 좋다는 생각에서 가격과 품질을 따져 소비하는 합리적인 소비 형태로 바뀌며 저가 화장품이 본격적으로 등장했습니다 . 저가 화장품들은 SNS 채널을 통한 [2] 인지도 향상을 비롯하여 홈쇼핑 , 인터넷 쇼핑몰 등 새로운 유통 방식을 통해 대형 브랜드로 성장하기 시작했습니다 [3]. 저가 화장품은 싸게 구입할 수 있다는 장점도 있지만 매장에서 직접 이것저것 테스트해 볼 수 있게 한 [4] 판매 전략이 의외로 10대 , 20대 젊은 학생들에게 좋은 반응을 얻어 매출이 큰 폭으로 늘었습니다 . 또한 한류 드라마와 K팝의 인기를 타고 수출이 급증하면서 글로벌 시장에서 K 뷰티라는 고유의 브랜드로도 자리를 잡았습니다 [5].

요즘은 거리에서 화장을 한 [6] 중 · 고등학생을 어렵지 않게 볼 수 있습니다 . 교복을 입고 있는 어린 학생들이 틴트 , 파운데이션 , 블러셔 등 색조 화장품을 얼굴에 바르고 다닙니다 . 녹색소비자연대의 [7] 조사에 따르면 여학생의 경우 초등학생 50.5%, 중학생 81.3%, 고등학생 73.3% 가 주 1회 이

語句

1) - ㄹ수록　～するほど
2) - 을 통한　～を通じた
3) - 기 시작하다　～しはじめる
4) - 게 한　～ようにした
5) 자리를 잡다　落ち着く、地位につく
6) - 한　～した～
7) 녹색소비자연대　緑色消費者連帯、消費者ネットワーク

24

상 색조 화장을 하는 것으로 나타났습니다. 이와 같이 화장하는 10대가 많아지면서 뷰티 업계에서는 학생들을 상대로 비교적 값이 싼 상품을 많이 만들어 내고 있습니다. 10대 소비자에게 좋은 이미지를 심으면 성인이 된 후에도 해당 브랜드를 이용할 가능성이 매우 높기 때문에 8) 화장품 회사에서 보면 이들은 귀중한 손님이라 할 수 있습니다. 화장품 회사들도 유명한 걸그룹이나 아이돌을 내세워 홍보에 힘을 쓴 결과 10대를 겨냥한 화장품 시장은 매년 20%씩 성장해 3,000억원 규모로까지 커졌습니다.

한편 2010년 이후 외모에 투자하는 남성이 늘면서 화장하는 남성도 늘기 시작했습니다. 전에는 스킨, 로션 같은 기초 화장품이 주를 이루었지만 요즘은 색조 화장품까지 확대되었습니다. 남성들의 화장에는 사회적인 시선 때문에 주저하는 사람도 많았지만 남성 인기 그룹들이 화려한 무대 화장을 선보이며 점점 남성 화장에 대한 반감도 줄어들었다고 합니다. 이러한 흐름에 맞추어 화장품 업계는 빠르게 남성 전용 브랜드를 내놓고 있습니다. 이와 같이 남성 화장품 시장의 가파른 9) 성장을 배경으로 세계적인 브랜드 샤넬도 전 세계 최초로 한국에 자사의 10) 남성 메이크업 라인인 '보이 드 샤넬'을 내놓아 화제가 되었습니다.

語句

8) -기 때문에　～するから、～なので　　10) 자사　自社
9) 가파른 [가파르다]　急な、険しい

１ 本文の「본격적」を発音どおり表記したものを①～④の中から１つ選び
ましょう。

① 본격적　　② 본격쩍　　③ 본껵적　　④ 본껵쩍

２ 本文の「a 등장、b 성장、c 시장」の下線部の中で、同じ漢字は何個あ
るのか、下の①～⑤のうちから一つ選びましょう。

① ａとｂが同じ　　② ａとｃが同じ　　③ ｂとｃが同じ
④ すべてが同じ　　⑤ すべてが異なる

３ 本文の「샤넬을 내놓아 화제가」の「내놓아」のように、次の下線部の単
語を直してみましょう。

① 여기는 조용하다 참 좋아요 . [　　　　　　]
② 길이 너무 막히다 늦었어요 . [　　　　　　]
③ 일이 바쁘다 못 가겠어요 . [　　　　　　]
④ 배 고프다 죽겠어요 . [　　　　　　]

４ 本文の内容と一致している場合は○を、一致していない場合は×を ［　］
内に記入しましょう。

① 한류의 인기에 힘입어 외국인들에게 한국 화장품은 인기가 많다 . [　　]
② 어린 학생들의 화장에 대해 걱정하는 어른들이 많다 . [　　]
③ 10 대를 타깃으로 저가 화장품 회사들이 이미지 홍보를 하고 있다 . [　　]
④ 남성들의 화장에 대한 사회적 시선은 여전히 곱지 않다 . [　　]

7課 돌잔치는 가족끼리…

1歳のお祝いは家族水入らずで…

　韓国ドラマなどを観ていると、家族全員でご飯を食べているシーンやお母さんと息子が抱き合うシーンなど、何かと家族の繋がりの強さを感じます。

　それはドラマだけの話ではありません。秋夕や年末年始は親戚中が集まることはもちろん、親戚の中で子供が生まれたりすると、家族総出で病院まで駆けつけることもあるようです。また、街中では腕や肩を組む親子の姿を見ることができます。日本人としては少しびっくりしてしまうこともありますが、家族を大事にする姿勢は私も見習いたいところです。

　現代韓国では、家族というものがどのように捉えられているでしょうか？

돌잔치는 가족끼리…

'돌'이란 1년을 단위로 반복되는 경우에 사용하는 기간을 뜻하는[1] 말로 일반적으로는 어린아이가 태어난 날로부터 한 해가 되는 날을 가리킵니다. 한국에서는 어린아이의 첫 번째 생일을 축하하기 위해 '돌잔치[2]' 라는 파티를 엽니다. 돌잔치는 아이의 건강과 앞날의 번영을 기원하는 한국의 좋은 풍습입니다. 특히 유아사망률이[3] 높았던 시절에는 아기가 1년을 무사히 살아남기가 어려웠기 때문에 더욱 뜻깊은 행사였을 것입니다. 가족끼리[4] 집에서 하던 돌잔치를 1980년대부터 친척이나 친구, 회사 동료들을 호텔이나 연회장에 초대하여 성대하게 하는 사람들도 많아졌습니다.

하지만 최근에 이런 돌잔치를 부담스러워 하는 사람들도 많습니다. 어느 조사에 따르면 직장인 10명 중 9명이 가장 참가하고 싶지 않은 경조사로[5] '돌잔치'를 택했다고 합니다. 예전과 달리 의료 기술의 발달로 인해 유아사망률이 감소하면서 돌잔치의 의미 자체가 퇴색된 면도 없지 않습니다. 게다가[6] 결혼식을 포함한 경조사나 지인의 집들이와[7] 같은 모임이 많은데 여

語句

1) - 을 뜻하는　～を意味する
2) 돌잔치　満1歳の誕生日のお祝いの会
3) 유아사망률　幼児死亡率
4) - 끼리　同士
5) 경조사　慶弔事
6) 게다가　それに、その上
7) 집들이　引っ越した祝いの宴

28

기에 돌잔치까지 겹치면 시간적 · 경제적으로 부담이 크다는 것입니다 .

　돌잔치의 대표적인 선물로는 금반지를 들 수 있습니다 . 금반지를 주는 이유는 아이가 커서도 황금처럼 가치 있고 순수하게 성장하라는 뜻입니다 . 그리고 금은 어려울 때 돈으로 바꿀 수 있는 장점도 있습니다 . 남자 아이의 경우는 나중에 며느리가 되는 사람에게 예물로 [8] 주는 경우도 많았습니다 . 하지만 최근에는 세계 무역 분쟁 등으로 금값이 많이 올라 금반지 선물이 큰 부담이 되어 실용적인 면에서 현금으로 주는 사람들도 많아졌습니다 .

　2018년 한국의 출산율이 0.98명으로 확정되었습니다 . 1970년에 통계를 내기 시작한 이래 가장 낮은 수준이라고 합니다 . 1970년의 출산율은 4.53명이었습니다 . 2019년 상반기에 태어난 아이는 15만 8,000명 정도로 지난해보다도 7.7% 줄었습니다 . 하반기를 합쳐도 올해 태어나는 아이는 30만 명에도 못 미칠 것으로 예상됩니다 . 한국은 경제협력개발기구(OECD)[9] 국가 중 여성 1명이 아이를 1명도 낳지 않는 유일한 나라로 우려의 목소리가 높습니다 . 이러한 저출산 시기야말로 [10] 돌잔치의 진정한 의미에 대해 다시 한번 깊이 생각해 볼 필요가 있을 것 같습니다 .

語 句

8)　예물　礼物、新郎・新婦の交換する記念品　10)　야말로　～こそ
9)　경제협력개발기구　経済協力開発機構

1 本文の「금값이」を発音どおり表記したものを①～④の中から１つ選びましょう。

① 금갑시   ② 금깝씨   ③ 금가비   ④ 금까비

2 本文の「a 기간、b 기술、c 시기」の下線部の中で、同じ漢字は何個あるのか、下の①～⑤のうちから一つ選びましょう。

① ａとｂが同じ   ② ａとｃが同じ   ③ ｂとｃが同じ
④ すべてが同じ   ⑤ すべてが異なる

3 本文の「돌잔치까지 겹치면 시간적」の「겹치면」のように、次の下線部の単語を直してみましょう。

① 오늘 시간 있다 한잔할까요 ? [   ]
② 내일 비가 오다 못 가요 . [   ]
③ 한국에서 살다 좋겠어요 . [   ]
④ 생일날이다 부모님이 생각나요 . [   ]

4 本文の内容と一致している場合は〇を、一致していない場合は×を [   ] 内に記入しましょう。

① 돌잔치가 생긴 때부터 친구나 친척들을 불러서 성대하게 했다 . [   ]
② 결혼식이나 집들이가 많아서 부담스럽게 생각하는 사람이 많다 . [   ]
③ 금반지를 주는 이유는 생활이 힘들 때 도움이 되라는 뜻도 있다 . [   ]
④ 출생률이 낮아져 아이도 적기 때문에 돌잔치를 하고 싶어 한다 . [   ]

韓国人が行きたい国？

　日本と韓国は飛行機で1〜2時間程度あれば行けてしまう、とっても近い国です。福岡から釜山なら船でも行けてしまいます。日本に住む私たちからしたら、日本国内を旅行するよりも場合によっては近く、また安いかもしれません。飛行機によっては日帰り旅行もできてしまいます。

　それは韓国の方も同じなのでしょうか。日本で街を歩いていると、どこからか韓国語が聞こえてきます。私はよく困っている韓国の方を見つけては道案内なんかもしていて、「韓国語が話せるのね」と喜んでいただいたりもします。

　ところで日本に来る韓国の方々は、どこへ行き、どんなものをお土産にされているのでしょうか。ちなみに、私の韓国の友人が日本に来るたびに買って帰っているのは、意外にも日本の洗顔料だそうです。

31

8

한국인이 가고 싶은 나라 ?

한국관광공사가 [1] 발표한 2018년 출입국 통계를 보면 한국인의 출국자 수는 2,870만 명이었습니다 . 이는 전년에 비해 [2] 8.3% 증가하며 역대 최고치를 기록했다고 합니다 . 전 국민의 56% 가 해외에 나갔다 온 셈입니다 . 해외여행 전면 자유화가 시작된 1989년의 121만 명에 비하면 24배나 많은 숫자입니다 . 한국보다 해외여행 자유화가 25년이나 앞선 일본의 경우 2018년 출국자 수는 1,895만 명으로 일본의 인구를 고려하면 15.8% 가 해외에 나간 것으로 나타났습니다 . 그리고 한국인의 해외여행 비율은 미국 (45.3%) 이나 호주 (41.5%) 보다도 높았습니다 .

한국인 여행객이 가장 많이 찾은 국가는 일본이고 그 다음으로 홍콩 , 태국 , 베트남 , 필리핀 , 대만의 순이었습니다 . 일본 도시 중에서도 오사카 , 도쿄, 후쿠오카, 오키나와는 외국 도시 톱10안에 항상 드는 인기 여행지입니다 . 오사카를 선호하는 [3] 이유는 요즘 타코야키나 오코노미야키가 한국에서도 인기가 있기 때문일 것입니다 . 그리고 규슈는 가장 가깝고 온천으로 유명하며 도쿄는 일본의 수도로 인기가 높습니다 .

語句

1) 한국관광공사 韓国観光公社
2) - 에 비해 ~に比べて
3) 선호하는 [선호하다] 好む、選り好む

2019년 3월에 일본 국토교통성 4) 관광청이 5) 발표한 '2018년도 방일외국인 소비동향조사 6)' 통계에 따르면 2018년에 일본을 찾은 한국인은 752만명으로 국적별로 1위를 차지했습니다 . 또한 한국인이 일본 여행에서 소비한 금액은 5,881억엔으로 나타났습니다 . 같은 조사에 의하면 한국인은 평균 4.4박을 하고 한국인 1인당 7만 8천엔을 사용했다는 결과도 나왔습니다 .

일본 여행에서의 소비 성향을 보면 한국인은 대체로 쇼핑과 음식비의 지출이 많습니다 . 일본 여행의 선물로 가장 인기가 많은 것은 도쿄바나나 , 킷캣 , 로이스 초콜릿 등과 같은 과자류이고 2위는 산토리의 과실주 7), 카레 , 마일드세븐 담배 , 일본 사케와 같은 음식류입니다 . 3위는 소화제 , 파스 , 마스크와 같은 의약품이고 4위는 화장품 , 향수입니다 . 일본을 방문한 한국인의 여행 패턴을 보면 짧은 기간에 맛있는 것을 먹고 선물을 사서 돌아간다는 것을 알 수 있습니다 . 요즘 한국에는 이자카야 , 스시 , 라멘 등 일본 음식점이 많이 생겨 일본 음식에 대한 거부감이 8) 별로 없는 것도 일본을 선택하는 이유일지도 모르겠습니다 9).

語 句

4)	국토교통성　国土交通省	7)	과실주　果実酒
5)	관광청　観光庁	8)	거부감　拒否感
6)	방일외국인 소비동향조사　訪日外国人消費動向調査	9)	― ㄹ지도 모르다　～かもしれない

1 本文の「음식류」を発音どおり表記したものを①～④の中から1つ選びましょう。

① 음식뉴　　② 음식류　　③ 음싱뉴　　④ 음싱류

2 本文の「a 역대、b 대만、c 대체로」の下線部の中で、同じ漢字は何個あるのか、下の①～⑤のうちから一つ選びましょう。

① aとbが同じ　　② aとcが同じ　　③ bとcが同じ

④ すべてが同じ　　⑤ すべてが異なる

3 本文の「항상 드는 인기 여행지」の「드는」のように、次の下線部の単語を直してみましょう。

① 너무 먹어서 살 찌다 소리가 들리는 것 같아요 . [　　　　　]

② 노래방에서 자주 부르다 노래예요 . [　　　　　]

③ 요즘 재미있다 영화 있어요 ? [　　　　　]

④ 저기 오고 있다 사람이 주인이에요 . [　　　　　]

4 本文の内容と一致している場合は○を、一致していない場合は×を [　]内に記入しましょう。

① 한국인이 오사카를 좋아하는 이유는 가깝고 도시가 크기 때문이다 . [　　]

② 매년 일본을 방문하는 여행자가 가장 많은 나라는 한국이다 . [　　]

③ 한국인은 여행 선물로 과자나 담배나 술을 많이 사서 돌아간다 . [　　]

④ 한국인은 짧게 체재하면서 먹는 것과 쇼핑을 즐기고 있다 . [　　]

9과 사스가 츤데레?

韓国／日本
한국·일본

さすがツンデレ？

　ご存じでない方もいらっしゃるかもしれませんが、日本では以前、韓国語でかわいいという意味「キヨミ」や可愛らしい顔立ちを表す「オルチャン」という言葉が流行りました。よく「オルチャンメイク」という言葉をインターネットやテレビなどでみることもありました。

　韓国語と日本語は、似た音の言葉が多くありますよね。「無理」「約束」「高速道路」「三角関係」も日本語に近く聞こえます。私も韓国語を学び始めたころ、ここまで似ているのかと驚いた記憶があります。

　これからも日本もしくは韓国で何か互いの言葉からインスパイアされた言葉、出てくるでしょうか。

사스가 츤데레 ?

역사적인 배경상 [1] 한국어 안에서 사용되는 일본어는 셀 수 없이 많았습니다 . 50대 이상 세대라면 '벤토 (弁当), 다꾸앙 (たくあん), 찌라시 (チラシ), 쓰메키리 (爪切り)' 등의 일본어를 생활 속에서 자주 듣고 사용했을 것입니다 . 이런 일본어 사용을 자제하고 모국어를 [2] 사용하도록 노력해 온 것도 사실입니다 . 하지만 아직도 공사 현장이나 방송 업계 등 특정 직업에는 일본어가 많이 남아 있습니다 . 2004년에 개봉되어 많은 인기를 얻었던 '내 머리 속의 지우개' 라는 영화에서도 공사 현장에서 일하는 주인공의 대사에 '아시바 (足場), 공구리 (コンクリ), 데나오시 (出直し), 노가다 (土方), 야바이 (やばい)' 등의 일본어가 많이 나옵니다 . 그리고 방송 현장에서는 사쓰마와리 (警察回り), 미다시 (見出し), 시바이 (芝居), 데모치 (手持ち), 입봉 (一本)' 등이 널리 쓰이고 있습니다 .

2000년대에 들어서 일본의 애니메이션 , 게임 , 영화 등 일본 대중문화의 개방과 함께 일본어도 자연스럽게 받아들여졌습니다 . 요즘 인터넷이나 TV 예능프로에서 [3] '사스가 (さすが)', '츤데레 (ツンデレ)', '야레야레

語 句

1) 배경상　背景上
2) 모국어　母国語

3) 예능프로　バラエティ番組

(やれやれ)'와 같은 일본어가 자주 사용되고 TV 자막에도 쓰이고 있습니다 . 1990년대 전후에 사용되기 시작한 '이지메 (いじめ)', '오타쿠 (オタク)' 와 같은 일본어는 각각 '왕따' 나 '덕후' 와 같이 한국말로 바꾸어 사용되었는데 '사스가' 처럼 일본어를 그대로 사용하는 경우는 드뭅니다 . 최근에는 한국에서 만든 제품에서 '타마고산도 (たまごサンド)', '카스테라모찌 (カステラ餅)', '앙버터 (あんこバター)' 와 같은 일본어로 표기된 상품도 자주 볼 수 있습니다 . 현지 음식의 맛을 그대로 표현했다는 의미와 다른 제품과의 차별화를 위해 [4) 일본어를 사용했다고 합니다 .

또한 일본어를 변형하여 신조어를 만드는 경우도 있습니다 . '낫닝겐' 은 영어의 'Not' 과 일본어의 '닝겐 (人間)' 이 합쳐진 말로 '인간이 아니다' 라는 뜻으로 '김태희 낫닝겐' 과 같이 사용합니다 . 이는 굉장히 예쁘거나 잘생긴 사람에게 쓰는 말로 인간으로 볼 수 없을 정도의 외모나 능력이 아주 뛰어난 사람을 의미합니다 . 그리고 요즘 많은 사람들이 사용하고 있는 '멘붕' 이란 단어도 일본어 '멘탈붕괴 [5)'를 줄인 말입니다 . 이와 같이 시대의 변화에 따라 일본어 사용에도 많은 변화가 있는 것 같습니다 .

語 句 ▶

4） -를 위해 ～のために   5） 멘탈붕괴 メンタル崩壊

1 本文の「셀 수 없이」を発音どおり表記したものを①〜④の中から１つ選びましょう。

① 셀수업시　　② 셀쑤업씨　　③ 셀수업씨　　④ 셀쑤업시

2 本文の「a 역사、b 사실、c 공사」の下線部の中で、同じ漢字は何個あるのか、下の①〜⑤のうちから一つ選びましょう。

① a と b が同じ　　② a と c が同じ　　③ b と c が同じ

④ すべてが同じ　　⑤ すべてが異なる

3 本文の「굉장히 예쁘거나 잘생긴」の「예쁘거나」のように、次の下線部の単語を直してみましょう。

① 주말에는 책을 읽다 영화를 봐요 . [　　　　　]

② 친구하고 쇼핑하다 노래방에 가요 . [　　　　　]

③ 그 사람은 공무원이다 회사원일 거예요 . [　　　　　]

④ 누가 보다 말거나 열심히 일하고 있어요 . [　　　　　]

4 本文の内容と一致している場合は〇を、一致していない場合は×を [　] 内に記入しましょう。

① 나이 든 사람들은 어렸을 때 일상적으로 일본어를 자주 썼다 . [　]

② 일본의 대중문화 개방을 받아들이는데 시간이 많이 걸렸다 . [　]

③ 요즘에는 일본어를 한국어로 바꾸지 않고 그대로 쓰기도 한다 . [　]

④ 일본어를 합친 낫닝겐은 뛰어난 미모를 갖춘 사람을 말한다 . [　]

大卒者就職率が66％…

写真：Shutterstock.com

　日本の就職活動は今も「売り手市場」といわれていますが、韓国の就職活動はどうでしょう。

　私のイメージでは韓国の大学生は、日本の大学生のように大学を4年だけ通って、すぐに就職はしないような気がします。「スペック」のため在学中に留学をしたり、資格取得のための勉強、インターンのために休学、なんてことも少なくありません。ましてや男子学生は、兵役によって2年間の休学が決まっているのですからなおさらです。日本の大学生より社会人になるのが遅くなるようですね。

　日本も最近では、「新卒一括採用」がなくなるといううわさも出てきました。また、日本の大学生の中にも留学のための休学をする人も増えてきた印象です。これからの日韓の就職活動動向も気になります。

대졸자 취업률이 66%…

한국에서는 불경기가 오래 지속되면서 대학생들의 취업난이 [1] 심각한 사회

문제가 되고 있습니다 . 대학 졸업자의 취업이 어려운 이유는 한국의 주력 산업

이 경쟁력을 잃고 있는 점도 있지만 대졸자가 [2] 선호하는 대기업과 같은 민간

일자리가 줄었기 때문이라는 분석도 있습니다 . 경기 침체로 인한 대졸자 취업

률이 더 떨어질 가능성이 있다는 것이 가장 큰 문제입니다 . 실제로 대기업을 비

롯하여 [3] 비교적 취업하기에 유리한 명문 대학 출신자들의 취업률조차 [4] 별로

좋지 않습니다 . 2018년은 소위 [5] SKY 로 [6] 불리는 서울대 (68.3%), 연세대

(68.7%), 고려대 (68.2%) 졸업생의 취업률도 2014년 이후로 가장 낮았습니다 .

인문 · 사회 계열 학과 출신들의 취업난은 이공 [7] 계열 학생들보다 상대적

으로 불리한 것도 사실입니다 . 한국교육개발원이 [8] 발표한 2017년도 '고등

교육기관 졸업자 계열별 취업 현황'에 따르면 언어 , 문학 , 인문과학 등 인문

계열 졸업자의 취업률은 56% 이고 , 경제 , 경영 , 법률 , 사회과학 등 사회 계

열 졸업자의 취업률은 62.6% 로 대졸자 취업률의 전체 평균인 66.2% 에 못

語 句

1)	취업난 就業難、就職難	6)	SKY	超難関大学のソウル大(S)、高麗大(K)、延世大(Y)の頭文字
2)	대졸자 大卒者			
3)	- 을 비롯하여 ～をはじめとして	7)	이공 理工	
4)	조차 ～さえ、～も	8)	한국교육개발원 韓国教育開発院	
5)	소위 いわゆる			

미쳤습니다. 반면 공학 계열 졸업자의 취업률은 70.1%, 의학 계열은 82.8% 라는 결과가 나왔습니다. 이런 현실을 비꼬는 [9] 말투로 '문송합니다' 라는 유행어가 등장하기도 했습니다. '문송합니다' 는 '문과라서 죄송합니다' 를 줄인 말로 취업이 어려운 문과 계열 학생의 현실을 나타내는 말입니다.

이와 같은 취업난 때문에 대학생들은 재학 기간 중에 졸업에 필요한 학점을 따는 것 외에도 복수 전공을 취득하는 학생이 늘고 있습니다. 또한 영어나 일본어, 중국어 등 외국어 관련 자격증을 따는 학생도 많고 실제로 어학 연수를 위해 휴학을 하는 경우도 자주 볼 수 있습니다. 자신이 다니고 있는 대학보다 더 유명한 대학으로의 편입학을 [10] 준비하는 학생도 적지 않습니다. 이러한 학력 위주를 우려하여 한국 정부는 개인의 능력에 초점을 맞춰 공정하게 채용하기 위한 '블라인드 채용 [11]'을 추진하고 있습니다. 블라인드 채용이란 자기소개서에 신체 조건이나 학력, 출신 지역, 혼인 여부 등을 기재하지 않도록 하는 제도입니다. 구체적으로는 2019년 3월 28일 국회 본회의에서 개인 정보를 이력서에 기재하는 것을 금지하는 '채용 절차의 공정화에 관한 법률 개정안 [12]' 이 통과되었습니다. 이를 계기로 공정한 채용이 이루어지기를 기대해 봅니다.

語 句

9) 비꼬는 [비꼬다] 皮肉る
10) 편입학 編入学

11) 블라인드 채용 ブラインド採用
12) 개정안 改正案

1 本文の「취업률」を発音どおり表記したものを①〜④の中から１つ選び
ましょう。

① 취업뉼   ② 취업률   ③ 취엄뉼   ④ 취엄률

2 本文の「a 政府、b 公正化、c 改正案」の下線部の中で、同じ漢字は何
個あるのか、下の①〜⑤のうちから一つ選びましょう。

① ａとｂが同じ   ② ａとｃが同じ   ③ ｂとｃが同じ
④ すべてが同じ   ⑤ すべてが異なる

3 本文の「취업이 어려운 이유」の「어려운」のように、次の下線部の単語
を直してみましょう。

① 한국과 일본은 가깝고도 멀다 나라라고도 해요 . [   ]
② 이거랑 다르다 색깔도 있나요 ? [   ]
③ 저하고 가장 가깝다 친구예요 . [   ]
④ 일본에 전화 걸다 법 좀 가르쳐 주세요 . [   ]

4 本文の内容と一致している場合は〇を、一致していない場合は×を [ ]
内に記入しましょう。

① 취직난에도 SKY 대학 졸업자들은 취직하기가 어렵지 않다 . [ ]
② 인문 계열 학과 학생들의 취업률은 전체 평균을 밑돌았다 . [ ]
③ 자신이 다니고 있는 대학보다 나은 대학으로 옮기려는 학생도 많다 . [ ]
④ 블라인드 채용에 관해서는 기업들이 적극적으로 도입하고 있다 . [ ]

6 課

초반 : 序盤、最初の段階	대형 : 大型	상대 : 相手	남성 : 男性
품질 : 品質	장점 : 長所	비교적 : 比較的	기초 : 基礎
합리적 : 合理的	수출 : 輸出	심다 : 植える	시선 : 視線
형태 : 形態	급증 : 急増	성인 : 成人	주저하다 : 躊躇する、ためらう
저가 : 低価、廉価	고유 : 固有	해당 : 該当	선보이다 : 初公開する、お目見えする
본격적 : 本格的	거리 : 街、通り	가능성 : 可能性	반감 : 反感
인지도 : 認知度	교복 : 通学用の制服	유명하다 : 有名だ	전용 : 専用
향상 : 向上	색조 : 色調	내세우다 : 立てる、掲げる	내놓다 : 外に出す、公開する
유통 : 流通	바르다 : 塗る	겨냥하다 : 狙う	가파르다 : 急だ、険しい
방식 : 方式	여학생 : 女学生	규모 : 規模	최초 : 最初

7 課

돌 : 1歳の誕生日	무사히 : 無事に	감소 : 減少	실용적 : 実用的
단위 : 単位	살아남다 : 生き残る	퇴색 : 退色、色あせる	이래 : 以来
반복 : 反復	뜻깊다 : 意義深い	결혼식 : 結婚式	상반기 : 上半期
어린아이 : 幼児、子ども	동료 : 同僚	지인 : 知人、知り合い	지난해 : 昨年、去年
건강 : 健康	연회장 : 宴会場	겹치다 : 重なる	하반기 : 下半期
앞날 : 後日、未来	성대 : 盛大	금반지 : 金の指輪	낳다 : 生む
번영 : 繁栄	부담스럽다 : いかにも負担だ	황금 : 黄金	유일하다 : 唯一だ
기원 : 祈願	의료 : 医療	순수하다 : 純粋だ	우려 : 憂慮
풍습 : 風習	기술 : 技術	며느리 : 嫁	저출산 : 低い出産率
시절 : 時節、時代	발달 : 発達	전쟁 : 戦争	진정 : 真正、本当

8 課

해외 : 海外	전면 : 全面	도시 : 都市	지출 : 支出
여행 : 旅行	자유화 : 自由化	들다 : 入る、持つ	선물 : お土産、プレゼント
발표 : 発表	앞서다 : 先立つ	온천 : 温泉	과자류 : 菓子類
출입국 : 出入国	인구 : 人口	국적별 : 国籍別	담배 : タバコ

통계 : 統計	고려 : 考慮	수도 : 首都	음식류 : 飲食類
전년 : 前年	비율 : 比率	소비 : 消費	소화제 : 消化剤
증가 : 増加	미국 : アメリカ	금액 : 金額	의약품 : 医薬品
역대 : 歴代	호주 : 豪州、オーストラリア	찾다 : 訪ねる、探す	향수 : 香水
최고치 : 最高値	여행객 : 旅行客	성향 : 性向	돌아가다 : 帰る、回る
기록 : 記録	대만 : 台湾	음식비 : 飲食費	음식점 : 飲食店

9 課

역사 : 歴史	직업 : 職業	자막 : 字幕	각각 : おのおの、それぞれ
세대 : 世代	개봉 : 開封、封切り	그대로 : そのまま	합쳐지다 : 合わせられる、合わさる
라면 : ～なら	머리 : 頭	드물다 : 珍しい	뜻 : 意味
자제 : 自制	지우개 : 消しゴム	표기 : 表記	굉장히 : ものすごく
사실 : 事実	주인공 : 主人公	상품 : 商品	예쁘다 : かわいい
공사 : 工事	대사 : セリフ	현지 : 現地	잘생기다 : ハンサムだ、美人だ
현장 : 現場	널리 : 広く、あまねく	차별화 : 差別化	외모 : 外見、見かけ
방송 : 放送	대중문화 : 大衆文化	변형 : 変形	뛰어나다 : 優れている
업계 : 業界	개방 : 開放	신조어 : 新造語	단어 : 単語
특정 : 特定	받아들이다 : 受け入れる、聞き入れる	전후 : 前後	변화 : 変化

10 課

취업률 : 就業率	유리하다 : 有利だ	말투 : 口ぶり、口調	추진 : 推進
불경기 : 不景気	명문 : 名門	학점 : 大学の単位	자기소개서 : 自己紹介書
지속되다 : 持続する、持続される	출신자 : 出身者	따다 : 取る	신체 : 身体
심각하다 : 深刻だ	계열 : 系列	전공 : 専攻	혼인 : 婚姻
졸업자 : 卒業者	불리하다 : 不利だ	자격증 : 資格証	여부 : 可否、よしあし
주력 : 主力	경영 : 経営	연수 : 研修	국회 : 国会
산업 : 産業	공학 : 工学	휴학 : 休学	본회의 : 本会議
일자리 : 職、勤め口	의학 : 医学	위주 : 主として、第一に	이력서 : 履歴書
침체 : 沈滞	문과 : 文科、文系	정부 : 政府	금지 : 禁止
떨어지다 : 落ちる、下がる	죄송하다 : 申し訳ない	초점 : 焦点	절차 : 手続き、手順

11 과 5살 아이가 95억원 빌딩 ？

5歳の子供が95億ウォンビル？

写真：Shutterstock.com

　私は、YouTubeを観ることがテレビを観るような感覚になっていて、ふとした瞬間に思わずYouTubeを開いてしまいます。

　韓国系のYouTubeは、日常を扱ったものやドッキリ動画が多い印象です。最近私がハマっているのは、韓国のカフェ店員さんが、お店でただただドリンクを作っている動画です。少し変わっているかもしれません。

　YouTubeは日本の動画だけでなく世界各国の動画を観ることができます。もちろん韓国の動画もです。動画を観ながら韓国の日常風景も観られたりするので、なんだか韓国が近くなったような気分にもなりますね。

　これからどんなコンテンツが新たに出てくるのか、楽しみです。

5살 아이가 95억원 빌딩?

2019년 8월 어느 날 인터넷과 각종 미디어에 '5살 꼬마[1] 강남의 95억 빌딩 사다'란 제목의 기사가 나서 엄청난 화제를 모았습니다. 이 기사를 본 사람들은 나이를 잘못 보았는지 금액이 틀렸는지 한 번쯤은 고개를 갸우뚱했을[2] 것입니다. 뉴스에서도 연일 이 아이에 대한 보도가 나와 사람들의 관심은 식을 줄 모르고 더운 여름 날씨만큼이나 점점 달아올랐습니다.

95억 짜리 빌딩을 구입한 만 5살 아이는 바로 '보람튜브'라는 유튜브 채널을 운영하는 '이보람'이라는 여자 아이였습니다. "도대체 이 5살 아이가 뭘 하길래[3]?"라는 의문과 함께 보람튜브를 확인해 본 사람도 적지 않았습니다. 유튜브에서는 아이가 새로운 장난감을 가지고 놀거나 인스턴트 짜장라면을[4] 먹는 영상이 나옵니다. 이런 것은 아이가 있는 집이라면 언제 어디서나 볼 수 있는 장면입니다. 더 놀라운 것은 보람튜브의 구독자[5] 수가 3,500만 명에 이르고 있다는 것입니다. 이 구독자 수는 세계적으로도 손꼽힐 만한[6] 수준입니다. 수많은 구독자 수와 조회 수를 바탕으로 보람튜브는 월 30억원 이상의 광고 수익을 올리고 있다고 합니다. '5살짜리

語 句

1) 꼬마　ちびっこ
2) 고개를 갸우뚱하다　首をかしげる
3) -길래　~するので、~なので
4) 짜장라면　ジャージャー麺風のラーメン
5) 구독자　購読者
6) -ㄹ 만한　~に値する、~し得る

아이의 월 30억원 수입' 이라는 믿기 어려운 7) 숫자에 많은 사람들이 더 놀

랐던 것입니다 .

이로 인해 유튜버들의 활동 내역이나 수입에 관한 기사가 많이 나오기

시작했습니다 . 유튜브로 돈을 벌려면 구독자 수는 최소 1,000명에 시청

시간은 연간 4,000시간이 넘어야 한다고 합니다 . 하지만 실제로 유튜버의

절반은 월 150만원도 못 버는 상황이라고 합니다 . 유튜버를 전업으로 8) 하

고 있는 사람은 20% 정도이고 나머지는 부업이나 9) 취미로 하는데 이 중

전업으로 하고 있는 사람들의 월평균 수입은 536만원이라는 조사 결과도

있습니다 . 유튜브 등 소셜미디어 콘텐츠로 누구나 돈을 벌 수 있는 시대라

고는 하지만 모두가 인기 유튜버가 되는 것은 아닙니다 . 그런데도 보람튜

브가 인기 있다는 것은 5살 아이의 노력도 있겠지만 많은 사람들로부터 사

랑을 받는 어떤 매력이 있기에 가능한 것이 아닐까 싶습니다 10) .

2018년에는 초등학생들의 희망 직업 1위가 ‘건물주 11)’ 였다고 합니다 .

그런데 2019년의 초등학생 희망 직업 인기 1위는 다름 아닌 ‘유튜버’ 라고

합니다 . 유튜버이면서 건물주가 된 이 아이는 선망의 12) 대상이라 할 수 있

겠습니다 .

語句

7) - 기 어려운 ～しにくい、～するのが困難だ
8) 전업 専業
9) 부업 副業
10) - ㄹ까 싶다 ～ではないかと思う、～ようだ
11) 건물주 ビルオーナー
12) 선망 羨望、あこがれ

1 本文の「장난감 , 구독자 , 활동 , 실제로」の下線部が濃音化するものは何個あるか、下の①〜④のうちから一つ選びましょう。

① 1つ　　　　② 2つ　　　　③ 3つ　　　　④ 4つ

2 本文の「제목」の下線部の漢字と同じものはどれか、下の①〜④のうちから一つ選びましょう。

① 회사에 제안을 해야겠어요 .　② 새로운 제품이 나왔어요 .
③ 요즘 재미있는 화제가 뭐예요 ?　④ 속도를 제한하고 있대요 .

3 本文の「더 놀랐던 것입니다」の「놀랐던」のように、次の下線部の単語を直してみましょう。

① 옛날에 많이 듣다 노래예요 . [　　　　　　]
② 예전에 다니다 초등학교예요 . [　　　　　　]
③ 서울에서 자주 먹다 음식이에요 . [　　　　　]
④ 여기는 어릴 때 내가 살다 집이에요 . [　　　　　]

4 本文の内容と一致している場合は○を、一致していない場合は×を [ ] 内に記入しましょう。

① 보람튜브에 관한 이야기가 가끔 뉴스에 나왔다 . [　]
② 아이가 장난감을 가지고 노는 영상이어서 별로 재미가 없었다 . [　]
③ 보람튜브의 구독자 수만 봐도 인기가 있다는 걸 알 수 있다 . [　]
④ 인기 유튜버들은 수입이 많기 때문에 다른 일을 하지 않는다 . [　]

12과 똑같은 소주 ?

文化
문화

全く同じ焼酎？

　日本では雨が降ると何かをする、という文化はあまりないように思いますが、韓国は雨が降ったらパジョンにマッコリ！という文化があります。

　私が住んでいた下宿では主人であるおばさんが、雨が降るとお皿いっぱいのパジョンを、「いくらでも作るからたくさん食べてね」と次から次へと作ってくださった思い出があります。今でも雨が降ると、あのおばさんのパジョンが食べたくなります。そしてパジョンの横には必ずマッコリ。すっかり飲みすぎてしまった記憶も…。

　何だか日本にはない文化だからなのか、美しい文化だなぁと感じます。日本でもこんな文化ができたら嬉しいです。

12

똑같은 소주 ?

◆◆◆━━━━◆◎◆━━━━━━━━━━━━◆◎◆━━━━◆◆◆

　한국을 대표하는 술이라 하면 소주 , 맥주 , 막걸리를 들 수 있습니다 . 이

중에서도 소주는 한국 사람들에게 많은 사랑을 받아 왔고 지금도 많이 마

시는 술입니다 . 한국 통계청에 [1] 따르면 20세 이상 성인의 경우 연간 1인

당 소주 87병을 마신다고 합니다 . 소주의 알코올 도수는 [2] 1990년대 이전

까지만 해도 25도 이상이 일반적이었는데 최근에는 개인의 자유를 존중하

고 '자신의 건강은 자기가 지킨다' 는 트렌드가 확산되면서 마시기 쉬운 [3]

16도에서 17도 정도로 낮아졌습니다 .

　소주는 외견상 병의 크기나 색깔이 전부 똑같습니다 . 그래서 언뜻 [4] 보

기에는 다 똑같아 보이지만 실제로는 각 지역을 대표하는 소주가 있습니

다 . 예를 들면 서울 · 수도권은 '참이슬', 강원도는 [5] '처음처럼', 충청남도

는 [6] '이제우린', 전라남도는 [7] '잎새주', 울산 · 경상남도는 [8] '좋은데이',

부산은 '시원 (C1)', 제주도는 [9] '한라산' 등입니다 . 1970년대 정부가 과다

한 경쟁을 막기 위해 1도 1사의 [10] 원칙을 정하였는데 이 원칙은 1988년에

◤ 語句 ▶

1) 통계청　統計庁
2) 도수　度数
3) -기 쉬운　〜しやすい、〜しがちだ
4) 언뜻　ちらっと、ふと
5) 강원도　江原道

6) 충청남도　忠清南道
7) 전라남도　全羅南道
8) 울산 · 경상남도　蔚山 · 慶尚南道
9) 제주도　済州道
10) 1도1사　1道1社

폐지되었습니다 . 그 후로도 여전히 다른 지역의 소주가 유통되기에는 어려움이 있었기 때문에 각 지역별 대표 소주가 그대로 남아 있게 된 것입니다 . 또한 요즘에는 소주의 종류도 다양해져서 소주에 복숭아 , 청포도 , 사과 , 귤 등을 첨가한 과일 소주도 유행하고 있습니다 . 특히 과일 소주는 13도로 도수도 낮고 소주 특유의 쓴 맛도 적어서 여성들에게 인기가 많습니다 .

2000년대부터 맥주를 부운 맥주잔 안에 소주를 부어 마시는 '소맥 (소주 + 맥주)'이 유행하여 첫잔은 무조건 소맥이라고 할 정도로 대중화되었습니다 . 맥주 안에 소주를 넣는 것을 '술을 말다' 라고 표현하는데 '말다' 라는 말은 원래 '국에 밥을 말아 먹다' 에서 온 말입니다 .

음주 문화도 조금씩 변화하여 예전에는 여럿이 즐겁게 술을 마셨는데 [11) 요즘에는 혼자서 즐기는 사람도 많아졌습니다 . 이렇게 혼자 마시는 술을 '혼술' 이라고 합니다 . 통계청에 의하면 2018년말 전체 가구의 [12) 4분의 1을 넘는 숫자가 혼자 사는 가구라고 합니다 . 혼자 사는 가구의 증가와 더불어 [13) 누구에게도 방해 받지 않고 혼자만의 자유를 중시하는 사회 분위기가 널리 퍼지면서 '혼술' 하는 사람들도 늘어나는 것 같습니다 .

語 句

11) - 는데　～のに、～だが
12) 가구 [家口]　世帯

13) - 와 더불어　～とともに、～といっしょに

1 本文の「수도<u>권</u>, 맥주<u>잔</u>, 첫<u>잔</u>, 무조<u>건</u>」の下線部が濃音化するものは何個あるか、下の①〜④のうちから一つ選びましょう。

① 1つ   ② 2つ   ③ 3つ   ④ 4つ

2 本文の「<u>성</u>인」の下線部の漢字と同じものはどれか、下の①〜④のうちから一つ選びましょう。

① 좋은 <u>성</u>과를 얻었어요.   ② 이 차는 <u>성</u>능이 좋아요.
③ <u>성</u>질이 급해서 문제예요.   ④ <u>성</u>실한 태도가 마음에 들어요.

3 本文の「같아 <u>보이지만</u> 실제로는」の「<u>보이지만</u>」のように、次の下線部の単語を直してみましょう。

① 한국어는 <u>어렵다</u> 아주 재미있어요. [　　　　　]
② 낮에는 날씨가 <u>좋다</u> 밤에는 비가 온대요. [　　　　　]
③ 떡볶이는 조금 <u>맵다</u> 맛있어요. [　　　　　]
④ 지금은 <u>힘들다</u> 좋은 일이 있을 거예요. [　　　　　]

4 本文の内容と一致している場合は○を、一致していない場合は×を [　] 内に記入しましょう。

① 소주를 많이 마시는 이유는 알코올 도수가 낮아졌기 때문이다. [　]
② 소주의 겉모양은 비슷하지만 지역마다 대표하는 상품명이 있다. [　]
③ 소주와 맥주를 섞어 마시는 소맥을 혼술로 자주 마신다. [　]
④ 개인의 자유를 존중하고 1인 가구가 늘면서 술 문화도 바뀌었다. [　]

入試には、お父さんの無関心？

写真：Shutterstock.com

　受験はどきどきですよね。日本人の私は、受験が近づくとありきたりですが、必ずカツ丼を食べていました。連日試験がある時は、本当に連日カツ丼を食べていましたね。

　韓国にもそんな受験にまつわる習慣があるようで、「スベる」という理由で受験前にわかめスープは食べるな！といったものがあるようです。

　韓国の受験は基本的に大学受験からのようですが、受験日はパトカーで受験生を送ったり、飛行機の運航を止める対応もあるようです。日本人としては驚きですよね。日本はそこまでの対応はないですが、日本も韓国も受験というのは未来を決めることになるかもしれないので、大事な瞬間なのには変わりありません。

　大事な瞬間である分、緊張もしますし時には追い込まれたりもしました。でも必死になって勉強したあの日々が今となっては楽しかったなとも思います。

입시에는 아빠의 무관심 ?

매년 대학 입시가 있는 날에는 직장인들의 출근 시간이 늦춰지고 증권 [1] 시장이나 은행도 한 시간 늦게 열립니다 . 수험생이 시험장까지 무사히 도착할 수 있도록 경찰차 , 경찰 오토바이 , 구급차 등 긴급 차량들도 [2] 총동원되고 이날 영어 듣기 시험 시간에는 소음을 막기 위해 긴급 항공기 외에는 모든 비행기의 이착륙마저도 [3] 금지됩니다 . 온 나라가 수험생을 위해 이렇게까지 배려하는 것은 전 세계에서도 아주 드문 일일 것입니다 . 그만큼 한국 사회에서 대학 입시란 수험생 본인의 인생을 좌우할 정도로 중요한 일이기 때문입니다 .

2008년경부터 좋은 대학에 가려면 '엄마의 정보력', '할아버지의 재력 [4]', '아빠의 무관심' 이란 세가지 조건이 필요하다는 말이 나오기 시작했습니다 . 이것은 희망하는 대학에 들어가기 위해서는 초등학교 때부터 입시 관련 학원에 다녀야 하는데 비싼 사교육비를 [5] 감당하기에 부모의 수입만으로는 부족하여 할아버지의 경제력까지 필요하다는 뜻입니다 . 또한 아빠의 무관심이란 아빠가 입시에 대해 너무 간섭을 [6] 많이 하면 '배가 산으

語句

1) 증권　証券
2) 긴급 차량　緊急車両
3) 이착륙　離着陸
4) 재력　財力
5) 사교육비　私(費)教育費
6) 간섭　干渉、口出し

로 간다'는 뜻으로 아빠의 역할은 ⁷⁾ 학원에 가서 밤 늦게 끝나는 아이를 데려오는 정도면 된다는 의미입니다. 그런데 최근에는 아빠의 인맥이 입시를 좌우한다고 하여 아빠의 역할이 중시되고 있다고 합니다.

입시 제도의 변화에 따라 예전처럼 점수만으로 평가하던 시대에서 벗어나 고등학교 때의 생활 전반을 평가하는 '학종 ⁸⁾'이란 입시가 생겼기 때문입니다. 학종은 학교 성적뿐만 아니라 자기소개서, 추천서, 면접 등을 통해 봉사 활동, 수상 기록, 자격증 등을 종합적으로 평가하는 입시 제도입니다. 그러나 좋은 취지와는 달리 부모의 경제력이나 지위, 학교 수준에 따라 학종의 내용이 달라질 수 있어 불공평하다는 지적도 ⁹⁾ 적지 않습니다.

2018년 말부터 2019년 초까지 방송된 '스카이캐슬 ¹⁰⁾'은 최고 시청률 23.8%를 기록하며 대단한 화제를 모은 드라마입니다. 스카이캐슬은 부와 명예, 권력을 지닌 상위 0.1% 부모들의 자녀 교육에 관한 이야기입니다. 일반 사람들에게는 그다지 공감할 부분이 없어 보이지만 대한민국의 교육 현실과 인간의 욕망을 ¹¹⁾ 잘 표현하여 많은 사람들의 주목을 받았습니다. 한국 사람들의 자녀 교육에 대한 관심이 얼마나 높은지를 잘 보여 주는 좋은 예라 할 것입니다.

語句

7) 역할 役割
8) 학종 (학생부종합전형) 学生簿総合選考
9) 지적 指摘

10) 스카이캐슬 SKY キャッスル
11) 욕망 欲望

1 本文の「증권 , 종합적 , 평가 , 자격증」の下線部が濃音化するものは何個あるか、下の①〜④のうちから一つ選びましょう。

① 1つ　　　② 2つ　　　③ 3つ　　　④ 4つ

2 本文の「관심」の下線部の漢字と同じものはどれか、下の①〜④のうちから一つ選びましょう。

① 건강 관리는 아주 중요해요 .　② 할머니는 관절이 아프시대요 .
③ 관점이 다르면 해석도 달라져요 .　④ 일찍 자는 게 습관이 되었어요 .

3 本文の「무사히 도착할 수 있도록」の「할 수 있도록」のように、次の下線部の単語を直してみましょう。

① 열심히 공부하다 도와 주세요 . [　　　　　　]
② 쉽게 찾다 정리해 놓으세요 . [　　　　　　]
③ 언제든지 먹다 준비해 두었어요 . [　　　　　　]
④ 건강하게 자라다 최선을 다할게요 . [　　　　　　]

4 本文の内容と一致している場合は○を、一致していない場合は×を [　] 内に記入しましょう。

① 대학 입시 때 직장인들의 출근 시간이 한 시간 반씩 늦춰진다 . [　]
② 아빠의 간섭이 심하면 엉뚱한 방향으로 흐를 수 있다고 한다 . [　]
③ 학종이란 학생의 능력을 종합적으로 판단하는 제도로 인기가 많다. [　]
④ 스카이캐슬은 교육과 관계가 깊은 이야기를 다루어 화제를 모았다. [　]

14과 20년간 병역?

社会
사회

20年間、兵役？

　友人が兵役に行ったということで、面会をしに部隊まで行った経験があります。その時に見た友人は坊主頭に、軍服のせいかピシッとした印象で、すっかり軍人さんになった姿に驚いたことを覚えています。

　軍ではどんな生活をしているのか。毎日毎日訓練で走ったり、武器を持ったりしているのか。兵役のない日本人からしたら未知の世界ですよね。聞くところによると最近では、スマートフォンも使えるようになったとか。逆にいうと、今まではスマートフォンも使えなかったなんて…。想像がつきません。今は、休みの時間に友人や家族にメッセージを送ったり、電話ができているのでしょうか？気になることがたくさんです。

14

20년간 병역 ?

헌법 제 39조 1항 [1], 병역법 [2] 제 3조 1항에는 '대한민국 국민인 남자는 헌법과 병역법이 정하는바에 [3] 의하여 병역에 복무할 의무를 지닌다' 고 규정하고 있습니다 . 즉 대한민국 국적을 가지고 있는 남자라면 반드시 일정 기간 군복무를 [4] 해야 합니다 . 19세가 되면 군대에 들어가기 전에 '병역판정검사 [5]' 라는 신체 검사를 받는데 신체 등급은 1급에서 7급까지 7등급으로 나뉘어지게 됩니다 . 고졸 이상의 사람이 신체 검사에서 1,2,3급으로 판정을 받을 경우 실제로 군에 복무하는 현역 [6] 대상자가 됩니다 . 하지만 같은 1,2,3급의 판정을 받은 사람이라도 고교 중퇴나 중졸 [7] 이하의 경우는 현역이 아닌 공익 근무를 담당하는 보충역 [8] 대상자가 됩니다 . 4급 이하는 병역 면제나 재검사 대상 등으로 분류됩니다 . 현역병의 복무 기간을 보면 기본 군사 훈련 5주를 포함하여 육군은 21개월 , 해군은 23개월 , 공군은 24개월입니다 . 정부는 2022년까지 현재 61만 명의 병력을 50만 명 수준으로 감축하고 복무 기간도 단계적으로 18개월로 단축할 것이라고 밝혔습니다 .

語 句

1)	헌법 제 39 조 1 항　憲法第 39 条 1 項	5)	병역판정검사　兵役判定検査
2)	병역법　兵役法	6)	현역　現在軍務に服している軍人
3)	- 는바　～するところ	7)	중졸　中卒
4)	군복무　軍服務	8)	보충역　補充役

만약 20세에 군대에 들어간다면 22세에 병역을 마치게 됩니다. 이렇게 병역을 마친 사람을 '예비역 9)' 이라고 부릅니다. 예비역은 30세까지 1년에 20시간에서 28시간 정도의 예비군 훈련을 받아야 하고 40세가 될 때까지는 1년에 1시간에서 4시간 정도의 민방위 10) 훈련도 받아야 합니다. 따라서 대한민국의 남자들은 20세부터 40세까지 약 20년간 병역과 관계가 있다고 해도 과언이 아닐 것입니다. 군대에 들어가는 시기는 본인이 정할 수 있지만 실제로 대부분의 대학생들은 대학 2학년 때 휴학을 하고 군대에 들어가는 경우가 많습니다. 그렇기 때문에 동기 여학생들과는 1년간만 학교를 같이 다니고 복학 11) 후의 남은 학교 생활은 후배 여학생들과 다니는 것이 일반적입니다.

병역은 국방의 의무이기 때문에 병역 기피를 목적으로 일부러 신체를 손상하거나 12) 거부할 경우에는 병역법 제86조에 따라 징역 13) 1년 이상 5년 이하의 처벌을 받습니다. 누구나 젊은 나이에 군대를 가야 하기 때문에 자신의 인생 설계에 있어서 병역은 큰 고민거리가 14) 아닐 수 없습니다. 하지만 '남자 셋만 모이면 군대 이야기로 꽃을 피운다' 는 말이 있듯이 두렵고 불안했던 군대 생활도 시간이 지나면 좋은 추억이 되는 것 같습니다.

語句

9) 예비역　予備役
10) 민방위　非常時に動員される民間防衛組織
11) 복학　復学
12) 손상　損傷、傷つける
13) 징역　懲役
14) 고민거리　悩み

1 本文の「헌법 , 국적 , 국방 , 고민거리」の下線部が濃音化するものは何個 あるか、下の①〜④のうちから一つ選びましょう。

① 1つ 　　　② 2つ 　　　③ 3つ 　　　④ 4つ

2 本文の「동기」の下線部の漢字と異なるものはどれか、下の①〜④のう ちから一つ選びましょう。

① 같은 동네에 살아요 . 　　　② 동생은 고 2 예요 .
③ 회사 동료가 결혼해요 . 　　　④ 고교 동창회가 있어요 .

3 本文の「병역을 마친 사람」の「마친」のように、次の下線部の単語を直 してみましょう。

① 서울에서 찍다 사진이에요 . [　　　　　　]
② 내가 만들다 과자예요 . [　　　　　　]
③ 그래도 많이 낫다 편이에요 . [　　　　　]
④ 어제 듣다 말이에요 . [　　　　　]

4 本文の内容と一致している場合は〇を、一致していない場合は×を [　] 内に記入しましょう。

① 한국 남자라면 19 세에 군대에 들어가 신체 검사를 받는다 . [　]
② 대학생이 신체 검사에서 3 급을 받으면 현역 대상자가 된다 . [　]
③ 대학교 2 학년이 되면 군대에 가기 위해 휴학을 해야 한다 . [　]
④ 국방의 의무인 병역을 거부하면 처벌을 받게 된다 . [　]

アパートで老後対策？

　私が「韓国に来た」と思うとき第1位は、空港から都心に向かう電車の車窓から、途切れることなく高層マンション群が見えたときです。日本でいうタワーマンションでしょうか。数十階にもなろうマンション群は、韓国という感じがします。

　さすがにそんなマンションに住んだ経験はないのですが、私が韓国の家に住んでいたころ、「日本にもあったらいいのに」という魅力的なポイントが3つありました。

　1つ目は冬のオンドル。暖房がついていなくても床が暖かいと、部屋中が温まります。2つ目は日本にもありますが、暗証番号付きのカギ。いちいちカギを持ち歩かなくてもいいし、閉め忘れも防げるあの安心感は素晴らしいです。3つ目は日本にも増えてほしいのですが、室内にあるベランダ。リビングなど他の部屋とは窓で仕切られていて、洗濯が室内でできてしまうのはいいと思います。

15

아파트로 노후 대책?

한국에 여행을 가 본 적이 있는 외국인이라면 어디를 가도 비슷비슷하게 [1] 생긴 고층 아파트들이 [2] 대단지를 이루고 있는 풍경을 볼 수 있을 것입니다. 고속도로를 달리다 보면 논밭 사이에 자리 잡고 있는 아파트 단지가 많이 보입니다. 1980년대 후반부터 정부 주도하에 [3] 서울을 중심으로 대단지의 아파트를 지어 새로운 주거 공간을 제공했습니다. 새롭게 지어진 아파트는 개인 주택의 불편한 주거 환경보다 쾌적함과 편리함 때문에 인기를 얻기 시작했습니다. 그 결과 이제는 전국 어디에서나 고층 아파트들이 빼곡히 [4] 들어서 있는 모습을 볼 수 있게 되었습니다.

작년에 수도권에서 분양한 한 아파트의 경쟁률은 105대 1이었습니다. 같은 시기에 서울 도심의 강남 아파트에는 132대 1의 경쟁률을 보였습니다. 이처럼 수도권 아파트의 인기는 거의 복권에 당첨되는 것과 같아 '로또아파트 [5]'라 불릴 정도입니다. 수도권 아파트의 인기가 지나치게 과열되는 이유는 한국 사회에서는 아파트가 이제는 더이상 단순한 주거 공간의

語句

1) 비슷비슷 似たり寄ったり
2) 고층 아파트 高層マンション
3) 주도하 主導のもと
4) 빼곡히 ぎっしりといっぱいに
5) 로또아파트 ロトアパート

역할을 넘어 환금성이 ⁶⁾ 뛰어난 재테크의 ⁷⁾ 대상으로 변하고 있기 때문입니다. 또한 아파트는 노후 대책의 수단으로도 인기가 아주 높습니다. 2007년부터 '주택연금 ⁸⁾'이라는 금융 ⁹⁾ 상품이 도입되었는데 이것은 소유하고 있는 아파트를 담보로 ¹⁰⁾ 맡기고, 평생 혹은 일정 기간 매달 노후 생활 자금을 받는 것입니다. 본인 집에 계속 살면서 노후 생활을 안정적으로 유지할 수 있다는 장점이 있어 가입자가 꾸준히 늘고 있습니다.

그래서 한국의 대표 포털사이트라 할 수 있는 네이버 (naver) 의 '가장 많이 본 뉴스' 코너에서도 아파트에 관한 기사는 항상 상위에 오릅니다. 아파트의 주소만 입력하면 전국의 아파트 시세를 ¹¹⁾ 쉽게 알아볼 수 있고, 같은 아파트 단지의 같은 동이라 해도 호수까지 ¹²⁾ 기입하면 해당 집의 가격 변화, 집 구조, 학교 정보, 주변 정보까지도 자세히 소개됩니다. 이러한 아파트에 관한 과열된 관심은 투기로 이어질 가능성도 있기 때문에 정부에서는 수시로 ¹³⁾ 여러 가지 규제를 내놓고 있습니다. 정부의 부동산 관련 발표가 있을 때마다 TV 뉴스나 인터넷 사이트에는 온통 이런 부동산 뉴스로 가득 찹니다.

語句

6) 환금성　換金性
7) 재테크　財テク
8) 주택연금　住宅年金
9) 금융　金融
10) 담보　担保
11) 시세　時勢、相場
12) 호수　号数
13) 수시로　随時

1 本文の「인기 , 복권 , 일정 , 장점」の下線部が濃音化するものは何個ある
か、下の①~④のうちから一つ選びましょう。

① 1つ　　　　② 2つ　　　　③ 3つ　　　　④ 4つ

2 本文の「정보」の下線部の漢字と同じものはどれか、下の①~④のうち
から一つ選びましょう。

① 도로가 잘 정비되어 있네요 .　② 정성을 다해 키웠어요 .
③ 바빠서 정신이 없었어요 .　　④ 그림에 정열을 쏟았어요 .

3 本文の「투기로 이어질 가능성」の「이어질」のように、次の下線部の単
語を直してみましょう。

① 같이 일하다 사람을 찾고 있어요 . [　　　　　　]
② 부산에 유학 가다 예정이에요 . [　　　　　　　]
③ 내일 입다 옷 준비했어요 ? [　　　　　]
④ 주말에 김밥을 만들다 생각이에요 . [　　　　　　]

4 本文の内容と一致している場合は〇を、一致していない場合は×を [　]
内に記入しましょう。

① 한국에는 아파트가 서울을 중심으로 도심에 많이 몰려 있다 . [　]
② 강남에는 다른 지역과 달리 대형 건설사가 지은 아파트가 많다 . [　]
③ 살고 있는 집을 담보로 노후 대책을 하려는 사람이 늘고 있다 . [　]
④ 한국에서는 집 주소만 알면 아파트 가격을 알아볼 수가 있다 . [　]

단어장 **11課～15課にでてくる単語**

11 課

빌딩 : ビル	날씨 : 天気	놀랍다 : 驚く	벌다 : 稼ぐ
각종 : 各種	달아오르다 : 熱くなる	손꼽히다 : 指で数えられる	최소 : 最小、最小限
엄청나다 : とんでもない、途方もない	짜리 : ～値するもの	불공평 : 不公平	시청 : 視聴
화제 : 話題	구입 : 購入	조회 : 照会、Views	절반 : 半分
모으다 : 集める	도대체 : 一体	바탕으로 : 基に	월평균 : 月平均
기사 : 記事	의문 : 疑問	광고 : 広告	누구나 : 誰しも
잘못 : 過ち、誤り	확인 : 確認	수익 : 収益	아무나 : 誰でも、誰もが
연일 : 連日	장난감 : おもちゃ	숫자 : 数字	어떤 : 何らかの、ある
보도 : 報道	영상 : 映像	활동 : 活動	매력 : 魅力
식다 : 冷める	장면 : 場面	내역 : 内訳	희망 : 希望

12 課

똑같다 : まったく同じだ、そっくりだ	크기 : 大きさ、サイズ	복숭아 : 桃	무조건 : 無条件
소주 : 焼酎	실제로 : 実際に	청포도 : ブドウ	대중화 : 大衆化
술 : お酒	과다 : 過多	귤 : みかん	국 : スープ、汁
맥주 : ビール	막다 : 防ぐ	첨가 : 添加	말다 : スープに入れて混ぜる
막걸리 : マッコリ	원칙 : 原則	과일 : 果物	음주 : 飲酒
병 : 瓶	정하다 : 決める、定める	특유 : 特有	혼자 : 一人
존중 : 尊重	폐지 : 廃止	쓰다 : 苦い	전체 : 全体
지키다 : 守る	여전히 : 相変わらず	붓다 : 注ぐ	방해 : 妨害
확산 : 拡散	유통 : 流通	맥주잔 : ビールのグラス	분위기 : 雰囲気
외견상 : 外見上	종류 : 種類	첫잔 : 乾杯用のグラス	퍼지다 : 広まる

13 課

입시 : 入試	배려 : 配慮	면접 : 面接	부 : 富み
아빠 : お父さん、パパ	정보력 : 情報力	종합적 : 総合的	권력 : 権力
무관심 : 無関心	할아버지 : おじいさん、祖父	평가 : 評価	상위 : 上位
수험생 : 受験生	배 : 舟	행동 : 行動	자녀 : 子女、子供

65

시험장：試験場	끝나다：終わる	취지：趣旨	이야기：話し
경찰차：警察の車、パトカー	학원：学習塾	지위：地位	공감하다：共感する
오토바이：オートバイ	좌우：左右	내용：内容	부분：部分
구급차：救急車	중시：重視	달라지다：変わる、変化する	대한민국：大韓民国
소음：騒音	예전：昔、ずっと前	시청률：視聴率	주목：注目
항공기：航空機	추천서：推薦書	대단하다：ものすごい、すばらしい	얼마나：いくらぐらい、どれほど

14 課

국민：国民	판정：判定	훈련：訓練	따라서：したがって、だから
의무：義務	대상자：対象者	포함：含む	다니다：通う
지니다：持つ、備える	중퇴：中退	육군：陸軍	국방：国防
규정：規定	이하：以下	해군：海軍	기피：忌避、避ける
국적：国籍	공익：公益	공군：空軍	목적：目的
반드시：必ず	담당：担当	병력：兵力	거부：拒否
일정：一定	면제：免除	기간：期間	처벌：処罰
군대：軍隊	재검사：再検査	단계적：段階的	피우다：咲かせる
나누어지다：分かれる、分類される	분류：分類	단축：短縮	두렵다：恐ろしい、怖い
고졸：高卒	군사：軍事	만약：万一、もし	추억：思い出、追憶

15 課

노후：老後	주택：住宅	단순하다：単純だ	입력：入力
대책：対策	환경：環境	수단：手段	동：棟
대단지：大団地	쾌적하다：快適だ	소유：所有	기입：記入
이루다：つくりあげる、果たす	편리하다：便利だ	맡기다：任せる、預ける	구조：構造
풍경：風景	분양：分譲	평생：生涯、一生	주변：周辺
달리다：走る	시기：時期	혹은：あるいは、または	투기：投機
논밭：田畑	복권：宝くじ	매달：毎月	이어지다：つながる、続く
짓다：建てる、作る	당첨：くじに当たる	가입자：加入者	규제：規制
주거：住居	지나치다：度が過ぎる	꾸준히：粘り強く、こつこつ	부동산：不動産
공간：空間	과열：過熱	주소：住所	온통：全部、すべて

66

朴大王

1970年、ソウル生まれ。
名古屋大学大学院国際言語文化研究科博士後期課程を経て、
現在、広島修道大学教授。
『ソウルスタイル―韓国のそこが知りたい55―』（白帝社）
『韓国語入門』（共著・白帝社）

시사한국어
今知りたい、韓国を読む

検印 廃止	© 2020 年 1 月 30 日　初 版 発 行
著　　者	朴 大 王

発 行 者 　　　　　　原 　 雅 久
発 行 所 　　株式会社 朝 日 出 版 社
　　　　　101-0065 東京都千代田区西神田 3－3－5
　　　　　　　電話 (03) 3239-0271・72 (直通)
　　　　　　　振替口座　東京　00140-2-46008
　　　　　　　http://www.asahipress.com/
　　　　　　　　　　　　　　　　倉敷印刷

乱丁，落丁本はお取り替えいたします
ISBN978-4-255-55674-1 C1087